Allerlei zum Lesen

Allerlei zum Lesen

Herman Teichert

Western Michigan University

Lovette Teichert

Western Michigan University

D. C. Heath and Company

Lexington, Massachusetts   Toronto

Address editorial correspondence to:

D. C. Heath
125 Spring Street
Lexington, MA 02173

Cover: Paul Klee, *Ein Stübchen in Venedig,* 1922. Inv. 1960.63
Öffentliche Kunstsammlung, Kupferstichkabinett Basel.

Published simultaneously in Canada.

Printed in the United States of America.

International Standard Book Number: 0–669–20143–X

Library of Congress Catalog Number: 90–86145

18 17 16 15 14 13 12 11

To Bill and Heidi

About the cover . . .

Although he was an abstract expressionist, Paul Klee (1879–1940) was unique in that in his work he didn't seek to express reality by rejecting the tangible world. Unlike his contemporaries—Kandinsky, Braque, Picasso, and others—he concentrated on presenting the tangible world as he perceived it subjectively. He never attempted to transcend the world, but rather to approach it with autonomy—to present what he saw as relationships between objects and the individual.

The son of musicians, Klee grew up surrounded by music and learned to play the violin. He particularly loved the disciplined music of Bach and Mozart, and their effect is reflected in his work. Where music relies on variations of sounds combined and in relation to one another, Klee's paintings, like the one on the cover, rely on the juxtaposition of lines and blocks of color. Klee attempted to bring to the viewer not what he or she sees in the natural world, but rather what the imagination perceives when it moves beyond the merely visible. The concept of motion is as important in Klee's work as is the presentation of color.

It is this combination of freedom of movement, color, and form presented within defined limits that makes Klee's art so appealing. There is whimsy, flight, and daring departure from seeing the world as we know it, but these are not random, open-ended, or totally liberating. Klee gives the viewer a new look at the world, but that world is never negated or absent from his work.

Preface

Allerlei zum Lesen is an intermediate German reader suitable for college students in the third or fourth semester or for third- or fourth-year high school students. This collection of eighteen short stories, selected for readability and interest, was taken from original sources; the texts have not been edited or shortened in any way. The selection of authors includes established literary figures such as Aichinger, Böll, Grass, and Kafka, and more contemporary writers such as Wohmann and Novak. Authors from Germany, Switzerland, and Austria are represented.

Allerlei zum Lesen may be used for one semester or over the course of an entire year. Its main goal is to facilitate interaction with these texts by providing students with a number of carefully sequenced activities that promote vocabulary acquisition, comprehension, and active use of oral and written German. For each selection, *Allerlei zum Lesen* offers background information on the author, ample prereading activities to develop vocabulary and allow students to anticipate the main events of the story, and follow-up activities ranging from comprehension and personalization to discussion and interpretation in oral and written form.

A special feature of this reader is its use of visual images as advance organizers to aid comprehension and stimulate interest. Recent research has shown that successful reading depends on a combination of linguistic knowledge, cognitive skills, general experience, and awareness of the target culture.[1] Therefore, each of the stories is preceded by three illustrations and several questions (*Anregung zum Lesen*) designed to preview the story's content by depicting the main events, clarifying the cultural setting, and triggering a discussion. These prereading activities will also help the instructor to ascertain what vocabulary and cultural knowledge students already possess.

---

[1] Phillips, June K. "Practical Implications of Recent Research in Reading." *Foreign Language Annals* 17 (1984): 285–96.

Organization of the reader

The eighteen stories in *Allerlei zum Lesen* have been chosen because their themes are universal; they portray the human condition and will expand the readers' horizons. In addition, all of the stories are brief; students can easily read each one several times. Insofar as possible, the readings have been arranged according to increasing linguistic complexity. The activities accompanying each selection have been sequenced to lead learners step-by-step from comprehension and vocabulary building to personalization, discussion, and analysis.

Prereading activities

- An introduction in English provides key information about each author's background, ideas, and works. The goal of these concise chapter openers is to build students' confidence in their ability to read and interpret the stories and to support and promote prereading discussion.

- An active vocabulary (*aktiver Wortschatz*) lists the words from the story that are high-frequency and/or necessary to understand and discuss the story. This vocabulary is cumulative from chapter to chapter, leading students to active mastery of approximately 700 words and expressions. Passive vocabulary, low-frequency idiomatic expressions, and difficult grammatical constructions are glossed in English to facilitate students' access to the selection.

- The *Wortschatzanwendungen* section provides immediate practice with the active vocabulary so that students become familiar with it and with other related words.

- The illustrations and questions (*Anregung zum Lesen*) preceding each selection aim to activate background knowledge and to stimulate speculation as to the selection's contents. They enable students to show and share what they already know in a nonthreatening situation.

- In the *Hauptideen* section students are asked to skim the story for the information they need to answer the questions. These, in turn, have been written especially to elicit the story's main ideas.

Postreading activities

- *Fragen zum Lesestück* provide a convenient comprehension check in the form of sixteen to twenty content questions.

- *Persönliche Fragen* give students an opportunity to internalize or react to the ideas presented in the selection and to personalize the new vocabulary.

- *Anregungen zum Gespräch* provide questions for small group or classroom discussion or for debate. Here students move beyond the realm of personal experience and into the central themes and ideas of the stories.

- In the *Zusammenfassung* section, students summarize the story in written form. Guidelines in the form of key words are provided, becoming more challenging in the second half of the text. In addition, or as an alternative, students can use the pictures and the active vocabulary as the basis for a précis (*Nacherzählung*).

- The *Interpretation* section gives students the chance to consider the story's more universal meaning; these final, interpretive questions offer a challenge to even the most knowledgeable students.

Additional features

- A list of the principal parts of strong and irregular verbs appears before the German-English end vocabulary.

- A comprehensive German-English end vocabulary is also provided. Incorporated in this vocabulary is a list of the 1000 words used most frequently in modern German short stories. These entries are marked by an asterisk so that instructors, if they so choose, can ask students to make sure they are familiar with these words, thereby ensuring a common vocabulary base regardless of students' varying backgrounds.

- Most of the stories are available on a cassette, recorded by native speakers of German.

Use of the reader

The activities in **Allerlei zum Lesen** can be used in a variety of ways. Some (*Wortschatzanwendung* and *Zusammenfassung*) are best assigned as written homework, while others (*Anregung zum Lesen, Persönliche Fragen,* and *Anregungen zum Gespräch*), which promote interaction and communication, are more suitable for class or small group discussion. Most activities, however, can be done either orally or in writing, thereby providing the instructor with considerable flexibility in the use of class time.

By working with a number of different types of exercises, students will attain a deeper level of understanding of the text and a better mastery of the vocabulary, since they will have to reread each story several times. Reading is a highly individualistic activity. Because intermediate students have such diverse abilities and backgrounds, they need to be motivated, coached, and rewarded. From the outset, that has been the goal of this book.

Acknowledgments

We would like to express special thanks to Senior Acquisitions Editor Denise St. Jean, Developmental Editor Joan Schoellner and Senior Developmental Editor Gina Russo, and the editorial staff at D. C. Heath and Company for supervising the many stages of development and production of this text. We want to extend our thanks to Hildegunde Kaurisch for her careful reading of the manuscript, to Harry and Gisela Zimmer for reading the manuscript and giving us encouragement to complete this project, and to Gabriele Hahn, Antje Ickinger, and Ulrich Beck for their careful proofreading of the galleys.

We would also like to thank the following colleagues who reviewed the manuscript during its various stages of development:

Barbara Bopp, University of California, Los Angeles
Bettina Cothran, Georgia State University
Ronald Dunbar, West Virginia University
Todd C. Hanlin, University of Arkansas
Peter Johansson, University of Wisconsin, River Falls
Harvey L. Kendall, California State University
Gabriele Koch, Arlington, Massachusetts
Hans Mussler, Utah State University
Michael Resler, Boston College

Herman and Lovette Teichert

Contents

Allerlei zum Lesen

Kapitel 1

Verfahren

Helga M. Novak (1935–   )

"Verfahren" first appeared in 1968 in Geselliges Beisammensein, *a collection of short stories, and was reprinted in* Palisaden *in 1980. These short stories are not stories in the traditional sense; rather, they are like a series of snapshots or segments, similar to the stones of a mosaic. Helga Novak observes life objectively, concisely, and with a cool distance. "Verfahren" is a good example of her style. The setting and action are presented in short sentences using a number of different verbs to describe various states of the same action. For the reader, the effect is somewhat like a series of pictures that flash by but nevertheless give concrete images. Helga Novak does not analyze her characters' motivations. It is up to the reader to discover a deeper meaning in her stories.*

Helga Novak is a pseudonym for Maria Karlsdottir. She was born in Berlin-Köpenick in 1935. From 1954 to 1957 she studied philosophy and journalism at the University of Leipzig in the then German Democratic Republic. Afterwards she worked in the book trade and then in industrial plants, first at home and then in Iceland from 1961 to 1967. In 1966 Helga Novak renounced her East German citizenship, and in 1967, she moved to Frankfurt where she now resides.

Novak's first publication was a collection of poetry, Ballade von der reisenden Anna, *which appeared in 1965. These poems show the difficulties of everyday life in a divided country. Her second volume of poetry,* Colloquium mit vier Häuten, *was published in 1967, and the following year a volume of prose,* Geselliges Beisammensein, *was printed. In 1968 Helga Novak received the* Bremer Literaturpreis. *She has also published several other books of poetry and prose, of which* Palisaden (1980) *is the most recent. Since then she has written numerous radio plays.*

A K T I V E R ▾ W O R T S C H A T Z

Note: *Vocabulary words that are preceded by an asterisk (*) are among the top 1000 high-frequency words in modern German literature. These words are listed at the back of the book, beginning on page 189.*

SUBSTANTIVE

die Bahn, -en   path, track
*der Bahnhof, ¨e   railway station
die Geldbörse, -n   purse; wallet
der Hafen, ¨   harbor
der Haufen, -   heap, pile
die Kreuzung, -en   crossing
der Lärm (*no pl.*)   noise
das Laub   leaves, foliage
die Mehrzahl (*no pl.*)   plural; majority
das Plakat, -e   poster
*die Scheibe, -n   disk; slice; (window)pane
*der Spiegel, -   mirror
der Überblick, -e   view; perspective; overview
der Verkehr (*no pl.*)   traffic
das Zeichen, -   sign
das Zeugnis, -se   evidence; grade report, transcript

VERBEN

(sich) ab•wenden, wandte ab, abgewandt (*or regular; with* **haben**)   to turn away
*auf•machen   to open
auf•ziehen, zog auf, aufgezogen   to pull open
*blicken (*auf* + *acc.*)   to look; to glance
*da•stehen, stand da, dagestanden (*with* **haben** *or* **sein**)   to stand there; to be in a (good) position
deuten (**auf etwas** + *acc.*)   to point (to something); to indicate

ein•nicken (*with* **sein**)   to doze or nod off
ein•reichen   to submit; to apply for
ein•teilen   to divide (up); to budget
gelten (gilt), a, o   to be valid; to serve; to concern
sich immatrikulieren   to register (at a university) (**an** + *dat.* = at)
lächeln   to smile
*reißen, riß, gerissen   to tear; to pull
schmatzen   to eat noisily; to smack one's lips
verfahren (ä), u, a (*with* **sein**)   to act, proceed; **sich verfahren**   to lose one's way, drive in the wrong direction
*winken (jemandem)   to wave (to someone); to signal
zwinkern   to wink; to blink

ANDERE WÖRTER UND AUSDRÜCKE

Bescheid wissen (weiß), wußte, gewußt   to be informed, know what is happening
einen (ruhigen) Ton an•schlagen (ä), u, a   to adopt or strike a (quiet) tone
jemanden groß an•sehen (ie), a, e   to look at someone with great surprise
gefällig   helpful(ly), obliging(ly), pleasing(ly)
schlapp   limp
von außen   from the outside
ziemlich   nearly; rather; reasonably

WORTSCHATZANWENDUNGEN

A. Ergänzen Sie die Sätze mit einem passenden Wort bzw. passenden Wörtern aus dem aktiven Wortschatz. Verwenden Sie einen (un)bestimmten Artikel, wo es nötig ist.

1. Der Student konnte nicht studieren, weil es so viel _____ im Studentenwohnheim gab.

2. Bitte, _____ die Tür _____. Ich will hinein.

3. Am Ende des Semesters hat der Professor _____ _____ Papiere auf seinem Schreibtisch.

4. Der kleine Junge _____ immer den Lokomotivführern.

5. In einer Großstadt ist _____ _____ um fünf Uhr am dichtesten.

6. Ein Arzt muß über Medizin und viele verschiedene Krankheiten _____ _____, um Menschen helfen zu können.

7. Hamburg hat einen großen _____, wo viele Schiffe aus aller Welt ankommen.

8. Im Badezimmer ist immer _____ _____ an der Wand.

9. Viele Studenten müssen ihr Geld gut _____, so daß sie alles kaufen können, was sie brauchen.

10. Er _____ öfters bei der Arbeit _____, weil sie so langweilig war.

11. Sein Führerschein _____ vier Jahre lang.

12. Er _____ sie ganz _____ _____, als sie sagte: „Ich bekomme ein Kind."

13. Die beiden achtzehnjährigen Mädchen lassen _____ im Herbst an einer Universität _____.

14. Im Herbst liegt oft viel _____ im Garten.

15. Der amerikanische Student hat immer zwei _____ Toast zum Frühstück gegessen.

B. Ersetzen Sie die unterstrichenen Wörter mit einem passenden Wort bzw. passenden Wörtern aus dem aktiven Wortschatz. Machen Sie alle anderen nötigen Änderungen.

1. Die meisten Leute wollten wegen der Entlassungen streiken.

2. Die Nacht war etwas hell, da Vollmond war.

3. Nachdem die Mutter „Nase" sagte, zeigte das Kind auf die Nase.

4. Weil er viel studiert hat, hat er auf gute Zensuren gehofft.

5. Endlich ist mein Aufsatz fertig; morgen gebe ich ihn dem Professor.

6. Sie schaute auf die Uhr und merkte, daß es schon spät war.

7. Ein Oktagon ist das Symbol für Stop.

8. Die Frau nahm zwei Mark aus der Handtasche und kaufte sich eine Zeitschrift.

9. Obwohl die Mutter auf ihre Kinder böse war, sprach sie sehr leise.

10. Die anderen Leute im Restaurant schauten das Kind an, weil es sehr laut gegessen hatte.

Anregung zum Lesen

Sehen Sie sich die Zeichnungen an, und beantworten Sie die folgenden Fragen mündlich. Gebrauchen Sie Ihre Phantasie!

1. Wer fährt das Taxi im ersten Bild?

2. Wer sitzt im Taxi auf dem Rücksitz? Ist er alt oder jung? Wohin will er fahren?

3. Was sieht man sonst noch im Bild? Wie ist das Wetter?

4. Was fragt der Student den Taxifahrer im zweiten Bild?

5. Was sagt der Taxifahrer zum Studenten?

6. Wo sind die beiden im dritten Bild? Wonach fragt der Taxifahrer? Was antwortet der Student?

Hauptideen

Überfliegen Sie die folgende Geschichte, und beantworten Sie die Fragen mündlich.

1. Beschreiben Sie die Situation des Erzählers. Wo kommt er her? Wo will er hin?

2. Was gibt es auf der Straße zu sehen?

3. Warum ist der Student in dieser Stadt?

4. Was tut der Student im Taxi? Was tut der Fahrer?

5. Wohin bringt der Taxifahrer den Studenten?

Verfahren

Ich komme am Hafen an und winke einem Taxifahrer. Er öffnet den Wagen. Ich setze mich hinein.

Ich kenne das Land nicht. Ich kenne die Stadt nicht. Ich spreche die Sprache des Landes nicht. Ich habe nur das Wörterbuch studiert.

Es ist spät. Ich bin müde.

Der Fahrer zieht die Glaswand zwischen uns auf, ich sage, ein billiges Hotel am Bahnhof bitte. Er sieht mich groß an. Er wölbt die Augenbrauen.° Er sagt, billig. Ich sage, nicht zu teuer. Er sagt, ich verstehe schon. Er zieht die Glaswand zu.

Es regnet in Strömen.

Wahlplakate säumen° die Straße. Es gilt zu bekräftigen,° × A Sozialdemokratie. Ein gefälliges Neues Jahr, × C Konservative Partei. Wir bleiben vor der Kreuzung zwischen Warteschlangen° stehen. Ich blicke in ein Auto links von mir. Der Herr in dem Auto rechts gibt mir ein Zeichen. Ich wende mich ab. In dem Auto links von mir sitzt eine vierköpfige Familie mit einem Hund. Der Hund ist langhaarig. Ein Junge reißt an seinen schlappen Ohren.

Der Taxameter tickt. Er rasselt° kurz. Ich fange an zu reden. Ich rede in meiner Muttersprache. Ich schlage einen ruhigen Ton an. Ich sage gegen die Scheibe, ich bin Student. Ich möchte mich hier in Ihrer Stadt immatrikulieren lassen. Morgen reiche ich meine Zeugnisse ein. So schlecht stehe ich gar nicht da. Aber Sie verstehen, daß ich einteilen muß. Wenn ich jetzt schon den Überblick verliere, ist bald alles alle.

Der Fahrer lächelt. Er sieht mich durch den Rückspiegel an. Er zwinkert. Er schmatzt.

Draußen lese ich nun rechts und links. Die Mehrzahl der Arbeiter, × K Kommunistische Partei. Obwohl ich auch den Stadtplan studiert habe, orientiere ich mich nicht. Die Straßen sind

ziemlich dunkel. Ich mache einen Park aus. Ich klopfe gegen die
Scheibe und sage, Bahnhof, Bahnhof. Der Verkehrslärm ist weit
weg. Ich weiß nicht Bescheid. Ich nicke ein.

35   Fast wäre ich aus dem Wagen gefallen. Der Fahrer öffnet die
Tür von außen. Er steht in einem Haufen Laub. Er deutet auf eine
Parkbank und sagt, billig. Ich sage, dreißig darf es schon kosten.
Der Fahrer macht seine Geldbörse auf.

FRAGEN ZUM LESESTÜCK

1. Wem winkt der Erzähler? Warum?
2. Wer öffnet die Tür des Taxis?
3. Warum kann der Erzähler die Sprache des Landes nicht sprechen?
4. Warum ist der Erzähler müde?
5. Warum zieht der Taxifahrer die Glaswand auf?
6. Was sagt der Erzähler dem Taxifahrer?
7. Warum sieht der Taxifahrer den Erzähler groß an?
8. Wie ist das Wetter draußen?
9. Warum wendet sich der Erzähler ab?
10. Worüber versucht der Erzähler mit dem Taxifahrer zu reden?
11. Wie waren die Zeugnisse des Erzählers?
12. Woher wissen wir, daß der Erzähler nicht reich ist?
13. Warum zwinkert der Taxifahrer?
14. Warum kann der Erzähler sich nicht orientieren?
15. Woran erinnert der Erzähler den Taxifahrer?
16. Warum ist der Verkehrslärm weit weg?
17. Was passiert fast? Warum?
18. Wo soll der Erzähler übernachten?

PERSÖNLICHE FRAGEN

1. Sind Sie schon einmal mit einem Taxi gefahren? Wohin?
2. Sprechen Sie öfters mit Taxifahrern, Busfahrern, usw.? Warum oder
   warum nicht?
3. Haben Sie je in einem billigen Hotel übernachtet? In einem teuren? In
   einer Jugendherberge? Was würden Sie wählen? Warum?
4. Würden Sie gern im Ausland studieren? Warum oder warum nicht?
   Wenn ja, in welches Land würden Sie am liebsten gehen?
5. Was tun Sie, wenn Sie im Ausland sind? (z.B. Ausdrücke im Wörter-

buch nachsehen, Stadtplan studieren, im voraus die Namen von preis-
werten Hotels heraussuchen, Geld umtauschen, usw.)

6. Waren Sie schon einmal allein in einem Land, dessen Sprache Sie
   nicht konnten? Was haben Sie da gemacht? Was ist passiert?

7. Waren Sie je in einer Situation—in Amerika oder im Ausland—wo Sie
   sich auf fremde Leute verlassen mußten? Waren diese Leute freundlich oder nicht? Wieso?

ANREGUNGEN ZUM GESPRÄCH

1. Warum spricht der Student mit dem Taxifahrer so offen über sich
   selbst?

2. Hätte sich der Student für den Besuch in der Hafenstadt besser vorbereiten können? Wie?

3. Im zweiten Bild sehen Sie einen Studenten. Könnte der Erzähler auch
   eine Frau sein? Warum oder warum nicht?

ZUSAMMENFASSUNG

**Schreiben Sie eine Zusammenfassung der Geschichte im Imperfekt mit
etwa 50 bis 100 Wörtern. Benutzen Sie die folgenden Stichwörter:**

1. Student / Hafen / ankommen / und / winken / Taxifahrer

2. Student / kennen / Land / und / Sprache / nicht

3. Student / sagen / Taxifahrer // daß / er / ein- / billig- / Hotel / wollen

4. Student / sehen / ein- / Herr / und / ein- / Familie / in / ander- / Autos

5. Student / sagen // daß / er / studieren / wollen

6. Er / meinen // er / möchten / sich / immatrikulieren / lassen / in / Stadt

7. Taxifahrer / ansehen / Student / durch / Rückspiegel

8. Taxifahrer / bringen / Student / zu //ein- / Park

9. Taxifahrer / öffnen / Tür / von / Taxi / für / Student

10. Taxifahrer / aufmachen / Geldbörse

NACHERZÄHLUNG

**Verwenden Sie die Bilder und die aktiven Vokabeln, um die Geschichte
mündlich wiederzuerzählen.**

INTERPRETATION

1. Warum bringt der Taxifahrer den Studenten zu einer Parkbank? Ist er
   ein ehrlicher Mensch oder nicht?

2. Was bedeutet „Verfahren" in dieser Geschichte? Wer hat sich verfahren?

3. Wie verstehen Sie das Ende der Geschichte?

Grün ist schöner

Gabriele Wohmann (1932–   )

Gabriele Wohmann was born in 1932 in Darmstadt. She first studied modern languages and music in Frankfurt; later, from 1953 to 1956, she taught in Langeoog and in Darmstadt, where she now resides.

A prolific writer of novels, essays, radio plays, lyric poetry, and short stories, Wohmann expresses in her works a passionate concern for the outsider and the frightening vulnerability of human beings. Her characters feel alienated from society; however, they regard their otherness as a mark of distinction. In the following story, for example, note that the child considers himself vornehm *(refined). Wohmann uses a technique of distortion in order to define her characters more carefully. Her language is often sharp, sparse, and intentionally shocking.*

In 1958 Wohmann's first volume of short stories, Mit einem Messer, *and her first novel,* Jetzt und nie, *were published. Since then she has published works almost every year—sometimes two or more publications in the same year. The quantity of her work in no way diminishes the quality of its prose and poetry; she has been awarded many literary prizes including among others the* Bremer Literaturpreis *and the* Bundesverdienstkreuz erster Klasse.

A K T I V E R ▼ W O R T S C H A T Z

SUBSTANTIVE

*der Atem(zug), *pl.* **die Atemzüge**   breath
die Badewanne, -n   bathtub
der Erwachsene, -n   grown-up, adult (*noun declined as an adjective*)
der Frosch, ̈e   frog
der Handschuh, -e   glove
*die Haut, ̈e   skin
die Höhensonne, -n   ultraviolet heat lamp
der Nacken, -   (nape of the) neck
die Schlange, -n   snake
*der Schritt, -e   step; pace
*die Stirn, -en   forehead
der Tau (*no pl.*)   dew

VERBEN

an•schalten   to turn on
betrachten   to view, contemplate, consider
*(sich) drehen   to turn (oneself)
flüstern   to whisper
*sich fürchten (vor + *dat.*)   to be afraid (of)
*glänzen   to shine, gleam
quälen   to torment, torture, pester
schwitzen   to sweat, perspire

spazieren•gehen, ging, gegangen (*with* **sein**)   to go for a walk, stroll; to ride
*treten (tritt), trat, getreten   to kick; (*with* **sein**)   to step, tread
verdecken   to cover, conceal
wischen   to wipe

ANDERE WÖRTER UND AUSDRÜCKE

*blaß   pale
*bloß   only
*deshalb   therefore
*einsam   lonely
*finster   dark, gloomy, sinister
flink   nimble, quick
häßlich   ugly
neugierig (auf + *acc.*)   inquisitive (about), curious (about)
*schlimm   bad, wicked
strahlend   radiant, shining
unheimlich   frightening, eerie, sinister
vornehm   distinguished, refined, aristocratic
zurückhaltend   reserved

WORTSCHATZANWENDUNGEN

A. Ergänzen Sie die Sätze mit einem passenden Wort bzw. passenden Wörtern aus dem aktiven Wortschatz. Verwenden Sie einen (un)bestimmten Artikel, wo es nötig ist.

1. Das Kind wäscht sich in ＿＿＿＿ ＿＿＿＿.

2. Das schöne Mädchen ＿＿＿＿ sich sehr oft im Spiegel.

3. Kleine Kinder ＿＿＿＿ ＿＿＿＿ vor einem wilden Tier.

4. Der Student ＿＿＿＿ die Tafel nach der Klasse ab.

5. Die Haut des Mädchens war im Winter ganz ＿＿＿＿.

6. In seinem neuen Anzug ＿＿＿＿ ＿＿＿＿ der Junge vor dem Spiegel.

7. Der junge Mann war ＿＿＿＿, denn er wohnte ganz allein.

8. Die Sonne macht ＿＿＿＿ ＿＿＿＿ braun.

9. ＿＿＿＿ Leute haben oft ein Dienstmädchen im Hause.

10. Die große Schlange war ganz _____.

11. Wenn man schwer arbeitet, _____ man sehr.

12. Nach dem 100-Meter-Lauf war sie außer _____.

13. Im Badezimmer ist manchmal _____ _____ an der Decke.

14. Er lernte nichts, _____ ist er durchgefallen.

15. Im Winter trägt man _____, um sich vor der Kälte zu schützen.

B. **Einige von den Substantiven im aktiven Wortschatz haben verwandte Verben, und einige Verben haben auch verwandte Substantive. Schauen Sie sich die folgende Liste an; dann versuchen Sie die Bedeutungen dieser Wörter zu raten. Ergänzen Sie die Sätze mit einem der verwandten Wörter. Verwenden Sie einen (un)bestimmten Artikel, wo es nötig ist.**

der Atem	atmen
betrachten	die Betrachtung
sich fürchten	die Furcht
flüstern	das Flüstern
glänzen	der Glanz
quälen	die Qual
der Schritt	schreiten, schritt, geschritten (*with* sein)
schwitzen	der Schweiß
spazierengehen	der Spaziergang
treten	der Tritt

1. Der böse Mann gab dem armen Hund _____ _____.

2. Die Soldaten _____ über die Straße zum Bahnhof.

3. Man konnte _____ _____ der Schüler kaum hören.

4. Die Studentin wischte _____ _____ _____ von der Stirn.

5. _____ _____ eines Schülers vor dem Examen ist manchmal sehr groß.

6. Am Sonntag machen viele Deutsche _____ _____ im Freien.

7. Ein Kind beginnt gleich nach der Geburt zu _____.

8. Ein Künstler _____ sein Werk mit anderen Augen als ein Student.

9. _____ _____ eines Diamanten ist immer brilliant.

10. Das Studium ist manchmal _____ _____.

Anregung zum Lesen

Sehen Sie sich die Zeichnungen an, und beantworten Sie die folgenden Fragen. Gebrauchen Sie Ihre Phantasie!

1. Wo ist der Junge im ersten Bild?

2. Wie alt ist er ungefähr?

3. Was macht der Junge?

4. Im zweiten Bild: Was sieht der Junge im Spiegel? Warum?

5. Beschreiben Sie das dritte Bild.

6. Warum soll der Junge eigentlich im Badezimmer sein?

7. Warum sieht man keinen Frosch mehr?

Hauptideen

Überfliegen Sie die folgende Geschichte, und beantworten Sie die Fragen mündlich.

1. Wer ist die Hauptperson?

2. Was hat der Junge im Badezimmer gemacht?

3. Wie hat sich der Junge sein Aussehen vorgestellt?

4. Was würde er machen, um das Grüne zu verdecken?

5. Warum ist der Junge blaß geworden, nachdem die Mutter ins Badezimmer kam?

Grün ist schöner

Ich bin ein grüner Mensch. Grün mit grünblauen Placken.° patches, spots
Grüne Haut. Die Lippen von einem so schwärzlichen Grün, daß
die Leute sich fürchten. Das wird überhaupt schlimm, wenn ich
mal mehr unter Leute komme.° In der Schule und dann als   unter . . . am among people
5 Erwachsener. Ich muß soviel wie möglich verdecken. Doktor
Stempel hat auch immer Handschuhe an. Er hat Ekzem.° Bei mir eczema (a skin disease)
werden auch alle Leute neugierig darauf sein, was ich unter den
Handschuhen habe. Sie werden denken, ich hätte Ekzem. Ich muß
auch einen Namen dafür finden.

10   Das Kind drehte sich vor dem langen Badezimmerspiegel,
betrachtete seinen nackten Körper, hob die stengeldünnen° Ärm- stem-thin
chen—alles grün, unten, oben; innen auch? Es trat näher an den
Spiegel, streckte die Zunge heraus:° finstre bläuliche Grünporen, streckte . . . stuck out his
ein fetter Grünlappen° hing über die dunklen Lippen. Also auch   tongue
15 innen grün. Es wischte den Tau seines Atems vom Glas, es lächelte green rag (tongue)
sich zu: die blassen Zähne gefielen ihm.

   Häßlich bin ich nicht. Nur unheimlich. Grüne Haut ist eigentlich schöner als braune oder rosige.

   „Bist du schon im Wasser?" rief die Stimme der Mutter die
20 Treppe herauf und durch den Gangschlauch° zu ihm ins Badezim- narrow, tubelike hallway
mer. „Bist du schon ein Frosch im Wasser?"

   Grüner Frosch im Wasser.

   „Ja!" schrie es. Es patschte sich schnell in die knisternden
Schaumwolken, glitschte an der Wannenschräge hinunter[1] und
25 schwitzte und schnaubte.°   snorted

---

[1] **Es . . .** he quickly made a splashing sound in the crackling blobs of suds, slipped
down on the sloping part of (the) tub

Aber das grüne Gesicht wird jeder sehn. Grün mit grünblauen Sprenkeln° und einer fast schwarzen Zunge hinter fast schwarzen Lippen. Ich trag das grüne Haar tief in der Stirn, später krieg' ich auch einen Bart, der wird auch grün. Ich habe einen grünen Hals, ich winde immer einen Schal drumherum, der verdeckt auch den Nacken. Die Leute können denken, ich wär' bloß im Gesicht grün. Alles andere ist normal. Ich sag': an den Händen hab' ich Ekzem, deshalb die Handschuhe. Sonst zeigt man ja nichts. Ich werde immer lange Hosen tragen.

°speckles, spots

„Ist's schön im Wasser, du Frosch?" rief die Mutter.

„Ja!" schrie es.

Alle werden denken: wie ein Frosch sieht er aus. Aber ich kann natürlich nicht mit Mädchen und so, wie Dicki das macht, baden gehen.° Ich bin ganz zurückhaltend, alle wollen mit mir baden gehn, alle Mädchen, immer werd' ich gequält von allen Mädchen, baden zu gehen, aber ich bin ganz vornehm und ganz grün. Ich geh' in der heißesten Sonne mit meinem Schal spazieren und mit Handschuhen.

here: go swimming

„Fröschlein", rief die Mutter, „gleich komm' ich und seh' nach, ob du sauber bist."

Das Grüne wird mich natürlich von den andern absondern.° Ich werd' wie Onkel Walter: ein einsamer alter Mann. Nur schon, bevor ich alt bin.

separate

Von der Badewanne aus konnte es in den Spiegel sehn. Es hob einen Arm aus dem Wasser: Schaumbläschen° flüsterten; das nasse Grün glänzte, es sah schärfer und krasser° aus als das trockne.

bubbles

crasser, grosser

Schade, daß niemand je meine strahlende nasse Grünhaut sehn wird. Ich werde ein einsamer grüner Mann. Wie eine Schlange. Der Schlangenmann.

„Fröschlein", rief die Mutter, „gleich hol' ich dich raus!"

„Ja", rief es.

Jetzt hab' ich noch die Mutter, die weiß es. Später weiß es keiner mehr.

Es hörte die flinken Schritte auf der Treppe im Gang.° Die Tür klaffte;° es hielt die Hände vor die Augen, denn dazu hatte es gar keine Lust! Ein Strom frischer Luft zog herein, und die Mutter knipste die Höhensonne aus° und schaltete das gelbe weiche Deckenlicht an und sagte:

hallway

was ajar

knipste . . . turned off

„So, nun komm, mein blasser sauberer Froschmann."

FRAGEN ZUM LESESTÜCK

1. Wo war der Junge?
2. Warum würden sich Leute vor dem Jungen fürchten?
3. Was müßte der Junge verdecken? Warum?
4. Warum hatte Doktor Stempel Handschuhe an?
5. Warum würde der Junge Handschuhe tragen?
6. Warum drehte sich der Junge vor dem Spiegel?
7. Warum war der Junge nackt?
8. Wie sah der Junge im Spiegel aus?
9. Was dachte der Junge von sich selbst?
10. Wer rief ihm etwas zu? Warum?
11. Warum fragte die Mutter, ob der Junge schon ein Frosch im Wasser wäre?
12. Woran dachte der Junge, während er in der Badewanne saß?
13. Was würden wohl die Leute von ihm denken?
14. Warum würde der Junge immer lange Hosen tragen?
15. Warum wollte der Junge nicht mit Mädchen baden gehen?
16. Wie würde der Junge als Erwachsener mit grüner Haut aussehen?
17. Warum wollte der Junge wohl wie eine Schlange sein?
18. Warum kam seine Mutter ins Badezimmer?
19. Wozu hatte der Junge keine Lust?
20. Warum sah der Junge nun nicht mehr grün aus?

PERSÖNLICHE FRAGEN

1. Beschreiben Sie einen Traum, den Sie als Kind gehabt haben oder einen Traum, den Sie jetzt öfters haben.
2. Wollten Sie mal als Kind ein Tier sein? Welches? Warum?
3. Haben Sie als Kind Phantasien gehabt, in denen Sie anders oder besser als andere Leute waren? Haben Sie immer noch solche Phantasien? Wenn ja, beschreiben Sie sie.
4. Was für ein Bild von sich haben Sie als Kind gehabt?
5. Haben Sie ein wenig Angst vor jemandem, der nicht wie alle anderen Leute aussieht?

ANREGUNGEN ZUM GESPRÄCH

1. Warum denkt der Junge, daß er vornehm ist?
2. Hat der Junge wirklich Angst, daß er ein einsamer Mann wird?
3. Was hält er von Mädchen?
4. Warum will der Junge nicht, daß seine Mutter ins Bad kommt?
5. Spielt der Junge nur? Inwiefern ist die Phantasie etwas Wichtiges für Kinder?
6. Warum zeigt das zweite Bild in diesem Kapitel einen Frosch im Spiegel? Träumt der Junge? Welche Bedeutung hat dieses Bild für die Geschichte?

ZUSAMMENFASSUNG

Schreiben Sie eine Zusammenfassung der Geschichte im Imperfekt mit etwa 50 bis 100 Wörtern. Benutzen Sie die folgenden Stichwörter:

1. Kind / phantasieren / in / Badezimmer
2. Gesicht und Hände / Kind / sein / grün
3. Schule / werden / schlimm / sein
4. Kind / sich drehen / vor / Badezimmerspiegel
5. Mutter / rufen // ob / es / schon / in / Wasser / sein
6. Kind / tragen / Schal / Handschuhe / Hosen / in / Sommer
7. Kind / können / mit Mädchen / baden / gehen / nicht
8. Mutter / fragen // ob / es / sauber / sein
9. Kind / denken // es / werden / einsam / sein
10. Mutter / ausmachen / Höhensonne // und / es / sein / blaß

NACHERZÄHLUNG

Verwenden Sie die Bilder und die aktiven Vokabeln, um die Geschichte mündlich wiederzuerzählen.

INTERPRETATION

1. Ist es normal, wenn Kinder öfters phantasieren, daß sie anders oder besser sind als andere Leute? Ist es für Erwachsene normal? Warum oder warum nicht?
2. Wenn die meisten Leute sich im Spiegel anschauen, sehen sie sich selbst wie sie wirklich aussehen?

Kapitel 3

Die drei dunklen Könige

Wolfgang Borchert (1921–1947)

Wolfgang Borchert was born in Hamburg in 1921. He worked first in the book trade, then earned his living as an actor until he was called up for active duty on the Russian front in 1941. Not only was he severely wounded in World War II, he was also imprisoned and sentenced to death for speaking out against the Nazis. After six weeks, the death sentence was lifted so that he could return to the front. In 1943 Borchert was discharged because of ill health; he died four years later from a liver disorder. He was twenty-six.

War was like a bad dream for Borchert, and his stories, written during the last two years of his life, clearly reflect its cruelty. As a young man of twenty-four, he spoke out and put into words what other young people felt: We want to go home. We don't know where home is, but we want to go there. Draußen vor der Tür, *Borchert's best-known drama, is the story of a soldier who returns home only to find that it is gone. "Ihr Deutschland ist draußen, nachts im Regen, auf der Straße." (Your Germany is outside, at night in the rain, on the street.) All of the characters in Borchert's stories find themselves outside, in front of the door.*

In addition to Draußen vor der Tür *(a radio play);* Borchert's works *include* Laterne *(poetry);* Nacht und Sterne *(poetry); and two collections of short stories,* An diesem Dienstag *and* Die Hundeblume.

Happily, our selection, from Borchert's collected works, Das Gesamtwerk, *offers a ray of hope. Even amidst the desolation of war, a father struggles to keep his family warm and allows three visitors, bearing gifts, to see his newborn child.*

A K T I V E R ▼ W O R T S C H A T Z

SUBSTANTIVE

der / das Bonbon, -s   candy
der Esel, -   donkey
*__die Faust, ̈e__   fist
die Haferflocken (*pl.*)   rolled oats
der / die Heilige, -n   saint
der Heiligenschein, -e   halo
der / die König / in, -e / -nen   king / queen
der Kuchen, -   cake
*__der Nebel, -__   mist, fog
der Ofen, ̈   oven
der Pappkarton, -s   cardboard box
*__der Stern, -e__   star
die Vorstadt, ̈e   suburb

VERBEN

ab•brechen (i), a, o   (*with* **haben**)   to break
off (something); to tear down; (*with* **sein**)
to break off
*__auf•heben, o, o__   to pick up, raise
*__(sich) beugen (über etwas)__   to bend (over
something)
brummen   to buzz, growl, hum
erfrieren, o, o (*with* **sein**)   to freeze to death

*__erschrecken (erschrickt), erschrak,__
__erschrocken__ (*with* **sein**)   to be frightened,
terrified
*__fehlen__   to be absent
frieren, o, o (*with* **sein**)   to freeze, become
frozen
los•brechen (i), a, o   to break off, break
loose, burst out
pusten   to puff, blow
riechen, o, o   to smell
schleichen, i, i, (*with* **sein**)   to creep, sneak
schnitzen   to carve, cut (in wood)
seufzen   to sigh
*__stoßen (ö), ie, o__   to push, thrust, shove
tappen   to grope
um•wickeln   to wrap around

ANDERE WÖRTER UND AUSDRÜCKE

beinahe   almost
ein Kind kriegen   to have (bear) a child
obgleich   although
sonderbar   odd, queer
stolz   proud
weich   soft, tender
winzig   tiny

WORTSCHATZANWENDUNGEN

**A. Ergänzen Sie die Sätze mit einem passenden Wort bzw. passend-
en Wörtern aus dem aktiven Wortschatz. Verwenden Sie einen
(un)bestimmten Artikel, wo es nötig ist.**

1. Der Mann hat mit _____ _____ auf den Tisch geschlagen.

2. _____ _____ ist ein Tier mit langen Ohren, das „I-A"-sagt.

3. Weil die Schüler spät waren, _____ sie ins Klassenzimmer, so daß
   der Lehrer sie nicht hören konnte.

4. _____ er sehr reich war, war er nicht glücklich.

5. Die Mutter nimmt den Kuchen aus _____ _____.

6. Albrecht Dürer _____ Hände und auch einen Hasen aus Holz.

7. Die Frau _____ vor Kälte; darum zog sie einen warmen Pullover an.

8. Hartmut ist krank. Er _____ heute wieder.

9. Man sah keine _____ am Himmel, da es so wolkig war.

10. Der Professor _____ _____ über sein Buch.

11. Das Kind _____ die Kerzen auf dem Geburtstagskuchen aus.

12. Es war so kalt, daß wir dachten, wir würden _____.

13. Der junge Mann packte alles, was er hatte, in _____ _____ und stellte ihn in die Ecke.

14. Die Familie wohnt in _____ _____ von Berlin.

15. Eltern sind _____ auf ihre Kinder, wenn sie gute Noten in der Schule bekommen.

B. Einige Verben im aktiven Wortschatz sind mit anderen verwandt. Ergänzen Sie die Sätze mit einem passenden Verb aus der folgenden Liste.

brechen (*to break*) ab•brechen, auf•brechen (*to break open*) los•brechen, zerbrechen (*to break into pieces*)

fehlen   verfehlen (*to miss*)

frieren   erfrieren

heben (*to lift, raise, elevate*) auf•heben

schrecken (schreckte, hat geschreckt: *to scare, terrify*) erschrecken

seufzen   auf•seufzen (*to heave a sigh*)

stoßen   ab•stoßen (*to thrust off, rub off*),   um•stoßen (*to knock over*)

1. Wenn es null Grad Celcius kalt ist, _____ das Wasser.

2. Der Junge wollte einen Stock haben, darum _____ er einen Zweig vom Baum _____.

3. Weil das kleine Kind so traurig war, _____ es laut _____.

4. Es war so kalt, daß die armen Vögel beinahe _____ sind.

5. Der laute Donner hat das kleine Mädchen _____.

6. Der Pappkarton voller Bücher war so schwer, daß die Frau ihn nicht _____ konnte.

7. Der Autounfall hat den Mann so _____, daß er nicht mehr fahren wollte.

8. Der Student hatte eine Rede gehalten, aber seine Worte hatten das Thema _____.

9. Ich bin über sein schlechtes Aussehen _____.

10. Als die Katze auf den Tisch sprang, _____ sie die Vase _____.

Anregung zum Lesen

Sehen Sie sich die Zeichnungen an, und beantworten Sie die folgenden Fragen mündlich.

1. Beschreiben Sie das Zimmer im ersten Bild.

2. Warum legt der Mann Holz in den Ofen?

3. Wie sehen die Männer im zweiten Bild aus?

4. Was tragen die Männer in den Händen?

5. Warum wollen die Männer in das Zimmer gehen?

6. Wer schläft in dem Zimmer im dritten Bild?

7. Was hat das Kind über seinem Kopf?

Hauptideen

Überfliegen Sie die folgende Geschichte, und beantworten Sie die Fragen mündlich.

1. Warum hat der Mann Holz in der Vorstadt gesucht?

2. Wie ist es seiner Frau gegangen?

3. Warum hat es nur wenig zu essen gegeben?

4. Warum wollte der Mann jemanden schlagen?

5. Wer ist zu Besuch gekommen? Warum?

6. Was haben die Männer getan, als sie zu Besuch waren?

7. Welche Jahreszeit war es?

Die drei dunklen Könige

Er tappte durch die dunkle Vorstadt. Die Häuser standen abgebrochen gegen den Himmel. Der Mond fehlte, und das Pflaster° war erschrocken über den späten Schritt. Dann fand er eine alte Planke. Da trat er mit dem Fuß gegen, bis eine Latte° morsch° aufseufzte und losbrach. Das Holz roch mürbe° und süß. Durch die Vorstadt tappte er zurück. Sterne waren nicht da.

Als er die Tür aufmachte (sie weinte dabei, die Tür), sahen ihm die blaßblauen Augen seiner Frau entgegen.° Sie kamen aus einem müden Gesicht. Ihr Atem hing weiß im Zimmer, so kalt war es. Er beugte sein knochiges° Knie und brach das Holz. Das Holz seufzte. Dann roch es mürbe und süß ringsum. Er hielt sich ein Stück davon unter die Nase. „Riecht beinahe wie Kuchen", lachte er leise. Nicht, sagten die Augen der Frau, nicht lachen. Er schläft.

Der Mann legte das süße mürbe Holz in den kleinen Blechofen. Da glomm es auf° und warf eine Handvoll warmes Licht durch das Zimmer. Das fiel hell auf ein winziges rundes Gesicht und blieb einen Augenblick. Das Gesicht war erst eine Stunde alt, aber es hatte schon alles, was dazugehört: Ohren, Nase, Mund und Augen. Die Augen mußten groß sein, das konnte man sehen, obgleich sie zu° waren. Aber der Mund war offen und es pustete leise daraus. Nase und Ohren waren rot. Er lebt, dachte die Mutter. Und das kleine Gesicht schlief.

„Da sind noch Haferflocken", sagte der Mann. „Ja", antwortete die Frau „das ist gut. Es ist kalt." Der Mann nahm noch von dem süßen weichen Holz. Nun hat sie ihr Kind gekriegt und muß frieren, dachte er. Aber er hatte keinen, dem er dafür die Fäuste ins Gesicht schlagen konnte. Als er die Ofentür aufmachte, fiel wieder eine Handvoll Licht über das schlafende Gesicht. Die Frau sagte leise: „Kuck,° wie ein Heiligenschein, siehst du?" Heiligenschein! dachte er, und er hatte keinen, dem er die Fäuste ins Gesicht schlagen konnte.

pavement

thin piece of wood /
  decaying(ly)
rotten (wood)

sahen . . . looked towards
  him

bony

glomm . . . glowed

closed

(slang for **guck**) = look,
  take a peek

Dann waren welche° an der Tür. „Wir sahen das Licht", sagten   *here:* some people
sie, „vom Fenster. Wir wollen uns zehn Minuten hinsetzen."
„Aber wir haben ein Kind", sagte der Mann zu ihnen. Da sagten
35 sie nichts weiter, aber sie kamen doch ins Zimmer, stießen Nebel
aus den Nasen und hoben die Füße hoch. „Wir sind ganz leise",
flüsterten sie und hoben die Füße hoch. Dann fiel das Licht auf sie.

Drei waren es. In drei alten Uniformen. Einer hatte einen
Pappkarton, einer einen Sack. Und der dritte hatte keine Hände.
40 „Erfroren", sagte er, und hielt die Stümpfe° hoch. Dann drehte er   stumps
dem Mann die Manteltasche hin. Tabak war darin und dünnes
Papier. Sie drehten° Zigaretten. Aber die Frau sagte: „Nicht, das   *here:* rolled
Kind!"

Da gingen die vier vor die Tür, und ihre Zigaretten waren vier
45 Punkte° in der Nacht. Der eine hatte dicke umwickelte Füße. Er   *here:* lights
nahm ein Stück Holz aus seinem Sack. „Ein Esel", sagte er, „ich
habe sieben Monate daran geschnitzt. Für das Kind." Das sagte er
und gab es dem Mann. „Was ist mit den Füßen?" fragte der Mann.
„Wasser", sagte der Eselschnitzer, „vom Hunger." „Und der
50 andere, der dritte?" fragte der Mann und befühlte im Dunkeln den
Esel. Der dritte zitterte in seiner Uniform: „Oh, nichts", wisperte
er, „das sind nur die Nerven. Man hat eben zuviel Angst gehabt."
Dann traten sie die Zigaretten aus und gingen wieder hinein.

Sie hoben die Füße hoch und sahen auf das kleine schlafende
55 Gesicht. Der Zitternde nahm aus seinem Pappkarton zwei gelbe
Bonbons und sagte dazu: „Für die Frau sind die."

Die Frau machte die blassen blauen Augen weit auf, als sie die
drei Dunklen über das Kind gebeugt sah. Sie fürchtete sich. Aber
da stemmte° das Kind seine Beine gegen ihre Brust und schrie so   pressed
60 kräftig, daß die drei Dunklen die Füße aufhoben und zur Tür
schlichen. Hier nickten sie nochmal, dann stiegen° sie in die Nacht   *here:* walked
hinein.

Der Mann sah ihnen nach. „Sonderbare Heilige", sagte er zu
seiner Frau. Dann machte er die Tür zu. „Schöne Heilige sind
65 das", brummte er und sah nach den Haferflocken. Aber er hatte
kein Gesicht für seine Fäuste.

„Aber das Kind hat geschrien", flüsterte die Frau, „ganz stark
hat es geschrien. Da sind sie gegangen. Kuck mal, wie lebendig es
ist", sagte sie stolz. Das Gesicht machte den Mund auf und schrie.
70 „Weint er?" fragte der Mann.

„Nein, ich glaube, er lacht", antwortete die Frau.

„Beinahe wie Kuchen." sagte der Mann und roch an dem Holz, „wie Kuchen. Ganz süß."

„Heute ist ja auch Weihnachten", sagte die Frau.

75 „Ja, Weihnachten", brummte er, und vom Ofen her fiel eine Handvoll Licht hell auf das kleine schlafende Gesicht.

FRAGEN ZUM LESESTÜCK

1. Wer tappte durch die dunkle Vorstadt?
2. Warum waren die Häuser kaputt?
3. Was suchte der Mann in der Vorstadt?
4. Was sah der Mann, als er die Tür aufmachte?
5. Wie kalt war es?
6. Warum hielt er sich ein Stück Holz unter die Nase?
7. Warum sollte er nicht lachen?
8. Warum legte der Mann das Holz in den Blechofen?
9. Worauf fiel das Licht?
10. Wie alt war das Baby?
11. Was tat das Baby?
12. Woher kam der Heiligenschein?
13. Wer war an der Tür?
14. Was brachten die Männer mit?
15. Wo rauchten die Männer? Warum?
16. Was hatte der eine Soldat an den Füßen?
17. Warum zitterte der andere?
18. Was gab der eine Soldat der Frau?
19. Was tat das Baby plötzlich?
20. Welcher Tag war es?

PERSÖNLICHE FRAGEN

1. Haben Sie je für längere Zeit—ein paar Tage oder mehr—in einem eis-kalten Haus oder Zimmer gewohnt? Wann? Was haben Sie getan, oder was würden Sie tun, um nicht zu frieren?
2. Haben Sie mal für eine längere Zeit nicht genug zu essen gehabt? Wenn „ja", was war der Grund dafür?
3. Waren Sie mal so böse, daß Sie jemanden mit den Fäusten schlagen wollten? Warum?

4. Haben Sie je vor Angst gezittert? Wann? Was passierte?

5. Wie würden Sie sich verhalten, wenn Sie der Mann oder die Frau in dieser Geschichte wären?

6. Sind Sie optimistisch oder pessimistisch in Ihrem alltäglichen Leben? Warum?

ANREGUNGEN ZUM GESPRÄCH

1. Wer in dieser Geschichte hat es schwerer—der Mann, der für die Familie sorgen muß, oder die Frau, die gerade das Baby gekriegt hat? Oder ist es für beide gleich? Warum?

2. Wie reagiert der Mann, als die Frau sagt, das Licht sei wie ein Heiligenschein? Warum sagt er später „sonderbare Heilige" und „schöne Heilige?"

3. Die Soldaten kennen die Familie nicht, und sie bleiben nur eine kurze Zeit. Warum schenken sie dem Baby den Esel und der Frau die Bonbons?

4. Erzählen Sie mehr über die Soldaten. Wo kommen sie her? Wo gehen sie hin? Warum reisen sie zusammen? Ist der Krieg zu Ende oder nicht?

ZUSAMMENFASSUNG

Schreiben Sie eine Zusammenfassung der Geschichte im Imperfekt mit etwa 50 bis 100 Wörtern. Benutzen Sie die folgenden Stichwörter:

1. Mann / suchen / Holz / in / Vorstadt

2. Frau / und / Baby / frieren / zu Hause

3. Licht / von / Feuer / fallen / auf / Gesicht / Baby

4. drei Soldaten / sein / kalt / und / sehen / Licht

5. drei Soldaten / kommen / zu Besuch / und / bringen / Geschenke

6. ein Soldat / bringen / Esel / der zweite / Tabak / der dritte / Bonbons

7. vier Männer / gehen / vor / Tür / und / rauchen / ihr / Zigaretten

8. drei Soldaten / beugen sich über / Kind // und / Frau / haben / Angst

9. Frau / sein / froh // weil / Baby / sehr lebendig / sein / und weil / Soldaten / gehen / sein

10. Licht / Ofen / Heiligenschein / Weihnachten

NACHERZÄHLUNG

Verwenden Sie die Bilder und die aktiven Volkabeln, um die Geschichte mündlich wiederzuerzählen.

INTERPRETATION

1. Einige Themen kommen sowohl am Anfang als auch am Ende vor: das Holz, das süß wie Kuchen riecht, der Wunsch des Mannes, jemandem ins Gesicht zu schlagen, das Licht auf dem Kind. Ist die Stimmung der Geschichte auch dieselbe am Anfang und am Ende, oder ist sie anders? Ist sie optimistisch oder pessimistisch?

2. Ist „Die drei dunklen Könige" eine Kriegsgeschichte? eine Weihnachtsgeschichte? Was will Borchert mit dieser Erzählung sagen?

3. Inwiefern sind die drei Soldaten wie die drei heiligen Könige? Inwiefern sind sie anders? Warum nennt Borchert sie die *dunklen* Könige?

4. Was symbolisieren das Baby, die Mutter und der Vater?

Kapitel 4

Die Silbergeschichte

Margret Rettich (1926–)

Margret Rettich has dedicated much of her life to the graphic arts and literature, developing over time the best form to express her own ideas. Having begun with simple picture storybooks for children, she then turned to storybooks with text, and finally to prose texts with a few illustrations. Rettich frequently talks with and listens closely to her readers and future readers. Her inspiration and ideas come from keeping her eyes and ears open. She does not invent her stories; when one reads them, one gets to know the neighbors, the animals, and the children who are an integral part of her daily life. Her stories are real, and they are enjoyable to young and old alike.

"Die Silbergeschichte" is a typical example of Rettich's style. It is a simple story of a child who receives a freshly-painted and refurbished hand-me-down doll buggy for Christmas. Although many things in the house are freshly painted with silver, the child nevertheless believes that Santa Claus must have been there and that everything he had touched turned silver.

Margret Rettich was born in Stettin, which became part of Poland after World War II. After her family home was destroyed in that war, she fled to Erfurt with her parents. She studied commercial graphics in Erfurt for five years after the war, then worked there as a freelance commercial artist.

One day a man knocked on her parents' door; he was a graphic artist who wanted to visit his birthplace. Two years later Rolf Rettich and Margret Müller were married and moved to Leipzig. After Margret's parents died, Margret and Rolf moved to a small village near Braunschweig, West Germany. By 1970 Margret had illustrated numerous children's books for various publishers. Since that time she has written dozens of her own books. They have been well received, and in 1981 she was awarded the Deutscher Jugendliteraturpreis for Die Reise mit der Jolle. Together the Rettichs have illustrated more than 250 books and published 40 of their own. Her book Suliman the Elephant (Soliman, der Elefant, 1984) was translated from the original German into English and has received very positive reviews in this country.

A K T I V E R ▾ W O R T S C H A T Z

SUBSTANTIVE

der Beweis, -e proof, evidence
die Bürste, -n brush
die Dose, -n can
die Gardine, -n curtain
der Herd, -e stove, range
der Klecks -e blot, mark, spot, stain
der Korb, ¨e basket
der Mülleimer, - trash can
die Puppe, -n doll
das Regal, -e shelves
der Schrank, ¨e closet, cupboard
der Schreck, -en fright, scare
die Schürze, -n apron
die Spitze, -n point, tip, peak
das Tablett, -s or **-e** tray
die Waage -n scale

VERBEN

ab•lehnen to refuse
an•bieten, bot an, angeboten to offer
an•fassen to touch; to tackle, go about
an•stecken to light; to pin on
an•streichen, i, i to paint
*****auf•passen** to pay attention
aus•ziehen, zog aus, ausgezogen to take
  off; (*with* **sein**) to move out

sich bedanken to thank (someone)
ein•schenken to pour
flicken to patch, repair
*****fort•fahren (ä), u, a** (*with sein*) to continue
*****sich freuen (über etwas** + *acc.*) to be
  happy (about something)
*****gelingen, a, u** (*with* **sein** + *dat.*) to succeed
hin•gehören to belong
sich lohnen to be worthwhile
murmeln to mumble
retten to save, rescue
*****stören** to bother, disturb
sich trauen to venture, have the courage
tropfen to drip
überlegen to think over
verlangen to demand; to desire
wirken to have an effect, seem, appear
zerren to pull

ANDERE WÖRTER UND AUSDRÜCKE

alle all gone, empty; everyone
es kommt (kam, gekommen) darauf an
  (*with* **sein**) it depends on, it matters
scheußlich hideous, atrocious
schief sloping, slanting, oblique
toll great, fantastic; crazy; terrible
Woher stammt es (stammen Sie)? Where
  does it (do you) come from?

WORTSCHATZANWENDUNGEN

**A. Ergänzen Sie die Sätze mit einem passenden Wort bzw. passend-
en Wörtern aus dem aktiven Wortschatz. Verwenden Sie einen
(un)bestimmten Artikel, wo es nötig ist.**

1. Die Kellnerin trägt acht Bierkrüge nur mit den Händen ohne _____

   _____.

2. In der Küche _____ Wasser vom Wasserhahn.

3. Die Kinder machen viel Lärm und _____ den Vater bei der Arbeit.

4. Letztes Semester _____ es dem Studenten, gute Noten zu
   bekommen.

5. Die Polizei hat keinen _____, daß er der Dieb ist.

6. Als das Kind durch das Eis gefallen ist, hat eine Frau es schnell heraus-
   geholt; sie hat sein Leben _____.

7. Frisches Gemüse ist besser als Gemüse aus _____ _____.

8. Das Kind spielte beim Essen und machte _____ _____ auf sein neues Hemd.

9. Manche deutschen Hausfrauen sind stolz auf ihre sauberen Fenster und schönen _____.

10. Das kleine Mädchen wünscht sich eine neue _____ zu Weihnachten.

11. Die Mutter bekam _____ _____, als sie hörte, daß ihr Sohn einen Unfall gehabt hatte.

12. Das kleine Kind sah aus, als ob es nie einen Kamm oder _____ _____ für das Haar gebraucht hätte.

13. Der alte Mann auf der Straße _____ etwas und ging dann weiter.

14. Das kaputte Haus sah _____ aus.

15. Er war so nervös, daß er _____ _____ seines Bleistifts während der Prüfung abbrach.

B. Verwenden Sie passende reflexive Verben oder Verben mit Vorsilben aus dem aktiven Wortschatz.

1. Der Student wußte nicht, ob es _____ _____, Geld für seine Reise zu borgen.

2. Die Feiertage kommen bald, worüber wir _____ _____.

3. Nach einem Semester im Ausland _____ der Student mit seinem Medizinstudium _____.

4. _____ _____! Hier kommt ein Auto um die Ecke!

5. Die Mutter _____ Kaffee für alle Gäste _____.

6. Der brave Schüler _____ das Bier _____, denn er war nur siebzehn Jahre alt.

7. Das Kind _____ _____ nicht, die Straße allein zu überqueren.

8. Der Mann _____ das Haus mit gelber Farbe _____.

9. Die Kinder waren höflich und _____ _____ für die Geschenke.

10. Die Universität _____ dem Studenten ein Stipendium _____, weil er sehr gute Noten bekommen hatte.

Anregung zum Lesen

Sehen Sie sich die Zeichnungen an, und beantworten Sie die folgenden Fragen mündlich.

1. Wo sind die zwei Frauen? Wie alt sind sie? Worüber sprechen sie?

2. Wie sieht der Puppenwagen aus?

3. Mit wem redet die Frau im zweiten Bild? Worüber?

4. Hört der Mann zu? Warum oder warum nicht?

5. Welche Jahreszeit ist es?

6. Was macht die Familie im dritten Bild?

7. Wie sieht der Puppenwagen jetzt aus?

8. Warum sieht das Kind so glücklich aus?

Hauptideen

Überfliegen Sie die folgende Geschichte, und beantworten Sie die Fragen mündlich.

1. Warum konnte Frau Muschler den Puppenwagen nicht ablehnen?

2. Warum konnte sie ihn nicht einfach wegwerfen?

3. Warum hat der Ehemann endlich mit dem Puppenwagen geholfen?

4. Warum hat er immer weiter gestrichen?

5. Wie hat Julchen reagiert, als sie in die Küche kam?

Die Silbergeschichte

Als Frau Muschler auf dem Dachboden° ihre Wäsche aufhing,   attic
kam die alte Nachbarin, die in ihrem Verschlag gekramt hatte.[1]
„Ich habe etwas für Julchen zu Weihnachten", sagte sie. „Wie nett
von Ihnen", sagte Frau Muschler, „da wird sich Julchen gewiß
5   freuen."

     Die alte Nachbarin schleppte etwas an,° was nur so knarrte°   **schleppte. . .** dragged along /
und quietschte.° Es war ein altmodischer Puppenwagen. Er war   creaked
verbogen° und hatte nur drei Räder. Das vierte lag mit dem   squeaked
Verdeck° zusammen in dem Korb, in den eigentlich die Puppen   bent
10   gehörten.   canopy

     Frau Muschler bekam einen Schreck, als sie das alte Gerümpel°   junk
sah. Aber weil sie sich nicht traute, das Geschenk abzulehnen,
bedankte sie sich und schleppte den Puppenwagen in ihre
Wohnung.

15   Als Julchen am Abend im Bett war, schob sie ihn ins Zimmer.

     „Sieh dir das Ding hier an", sagte sie zu ihrem Mann, der vor
dem Fernseher saß, „das hat die alte Nachbarin für Julchen
gebracht. Damit lachen die anderen Kinder sie ja aus!° Aber was   **lachen . . .** make fun of her
sollte ich machen, die Nachbarin meint es gut."

20   Herr Muschler sah nicht nur fern, sondern las außerdem noch
die Zeitung. Er brummte nur: „Hm, so, so, ja, ja, hm."

     „Du findest ihn also auch so scheußlich wie ich", fuhr Frau
Muschler fort. „Meinst du, es würde sich lohnen, ihn noch einmal
zu retten? Wenn ich nur wüßte, wie Julchen darüber denkt."

25   Herr Muschler sah nicht nur fern und las dabei die Zeitung,
sondern steckte sich auch noch eine Zigarette an. Er murmelte:
„Ja, ja, so, so, fffft" und blies das Streichholz aus.°   **blies . . .** blew out the match

---

[1] **die . . .** who had rummaged about in her shed

Frau Muschler drehte den Puppenwagen hin und her. Das Gestänge° war verbogen und voller Rost. Das Strohgeflecht löste sich auf.[2] Die Gardinen am Verdeck waren nur noch Lumpen.°

    „Armes Julchen", seufzte sie, „in solch einem Monstrum soll sie ihre schönen Puppen spazierenfahren. Aber sicher fragt mich die alte Nachbarin eines Tages, was Julchen gesagt hat, und was mache ich dann?"

    Herr Muschler sah nicht nur fern, las dabei die Zeitung und rauchte, sondern schenkte sich zur gleichen Zeit ein Glas Bier ein. „Hm, hm, hm", sagte er.

    Frau Muschler begann, am Gestänge des Puppenwagens zu zerren, bis es einigermaßen° gerade war. Es gelang ihr, das Rad festzumachen. Auch das Verdeck brachte sie wieder an die Stelle, wo es hingehörte. Als sie das Strohgeflecht mit Bindfaden° flickte, zerstach° sie sich die Finger. In der Küche scheuerte° sie den ganzen Puppenwagen mit einer Bürste und heißem Seifenwasser. Sie kramte aus ihrem Schrank einen alten Unterrock hervor, den sie schon lange nicht getragen hatte. Damit fütterte° sie das Verdeck. Die Spitze vom Saum° gab eine Rüsche° rundherum.

    Das Fernsehen war zu Ende, und Herr Muschler fand in der Zeitung nichts Neues mehr. Er trank sein Bier aus, drückte die Zigarette aus° und kam in die Küche.

    „Zeit zum Schlafen", sagte er. Dann sah er den Puppenwagen. „Nanu, das ist ja ein tolles Fahrzeug. Woher stammt denn das?"

    „Ich habe es dir schon ein paarmal erklärt", sagte Frau Muschler, „aber du hörst mir ja nicht zu."

    Herr Muschler fand den Puppenwagen ganz manierlich,° nur etwas farblos. Er überlegte und begann dann, in seinem Werkzeugschrank,° auf dem Regal und schließlich in der Speisekammer° zu kramen. Im Besenschrank° fand er, was er suchte. Es war eine große Dose Silberbronze, die er für sein Auto gekauft hatte. Er schob Frau Muschler zur Seite und begann das Gestell° zu versilbern.

    „Die Räder auch", verlangte Frau Muschler. Sie hielt ihm die Farbe, und er strich nach den Rädern° auch noch den Griff° an. Dann standen beide da und sahen den Puppenwagen mit schiefem Kopf an.°

---

[2] **Das . . .** The straw plaiting unraveled.

Margin glosses:
- axles
- rags
- rather, somewhat
- string
- pricked (all over) / scrubbed
- *here:* lined, padded
- hem, seam / ruffle
- **drückte . . . put out**
- respectable
- tool cabinet / pantry
- broom closet
- frame
- wheels / handle
- **sahen . . . looked askance**

65 „Er könnte Julchen vielleicht doch gefallen", sagte Frau Muschler. Herrn Muschler tropfte etwas Silberbronze auf das Verdeck.

„Paß auf", rief Frau Muschler und versuchte, es mit ihrer Schürze wegzureiben. Der Klecks blieb. Da strich Herr Muschler
70 auch das Verdeck silbern. Als es fertig war, rann an mehreren Stellen die Silberbronze in das Strohgeflecht. Nach kurzer Zeit war es gestrichen, und Herr Muschler stellte die Farbdose auf das Frühstückstablett. Der Puppenwagen war jetzt wirklich prachtvoll.°   splendid
Dafür hatte das Tablett einen Ring. Es blieb nichts anderes übrig,
75 als es zu streichen. Dabei kleckste Herr Muschler den Herd voll.

Schon immer hatte sich Frau Muschler eine versilberte Herdplatte gewünscht. Sie brachte schnell noch einiges, was Herr Muschler anstreichen sollte: den Lampenfuß, den Spiegelrahmen,°   mirror frame
den alten Mülleimer und die Küchenwaage. Herr Muschler strich
80 außerdem noch das Ofenrohr,° die Gardinenstange,° die Türgriffe   stove pipe / curtain rod
und den Wasserkessel.°   water kettle

„Du hast keine Angst, daß es etwas überladen° wirken   ornate
könnte?" fragte er zwischendurch. Aber Frau Muschler konnte nicht genug Silber sehen. Er mußte außerdem noch alles streichen,
85 was Farbspritzer° abbekommen hatte.   splashes of paint

„Zum Beispiel deine Nase", sagte er und kam mit dem Pinsel°   brush
auf Frau Muschlers Gesicht zu.

„Lieber deine Schuhe", rief sie quietschend.

Herrn Muschlers Schuhe waren voller Silberflecke. Weil es die
90 alten waren, kam es nicht darauf an. Er zog sie aus, und schon waren sie silbern. Sie waren nicht wiederzuerkennen.

Aber die Farbe war auch alle.

Herr und Frau Muschler kamen vor Lachen außer Atem und mußten sich hinsetzen.
95 „Was macht ihr für einen Lärm?" fragte Julchen und tappte in die Küche. Sie sah überall Silber. Mitten im Raum stand der schönste Puppenwagen, den sie je gesehen hatte.

„Für wen ist der?" fragte sie.

„Der ist für dich", sagte Frau Muschler.
100 „Und wem gehören die Silberschuhe?" fragte sie.

„Die gehören mir", sagte Herr Muschler.

Aber das konnte er Julchen nicht weismachen.[3]

Irgendjemand war gekommen und hatte den Puppenwagen gebracht. Alles, was er angefaßt hatte, war zu Silber geworden. Er

---

[3] **Aber** . . . But he could not make Julchen believe it.

105 hatte seine Schuhe ausgezogen, um niemanden zu stören, und hatte sie dann vergessen.

„Na, meinetwegen, so könnte es auch gewesen sein", sagte Frau Muschler.

Sie schickte Julchen am anderen Morgen zur Nachbarin:

110 „Erzähl ihr deine Geschichte, sie freut sich darüber!"

Julchen nahm zum Beweis die Silberschuhe mit.

FRAGEN ZUM LESESTÜCK

1. Was machte Frau Muschler, als die Nachbarin sie fand?

2. Worüber sollte Julchen sich freuen?

3. Was machte Frau Muschler mit dem Puppenwagen?

4. Was tat Herr Muschler, als seine Frau mit ihm zu sprechen versuchte?

5. Warum sah der Puppenwagen so scheußlich aus?

6. Wie verbesserte Frau Muschler den Puppenwagen?

7. Womit war Herr Muschler endlich fertig?

8. Wie verbesserte Herr Muschler den Puppenwagen?

9. Außer dem Puppenwagen, was strich Herr Muschler für seine Frau?

10. Warum wollte Herr Muschler die Nase seiner Frau streichen?

11. Was war das letzte Ding, das er strich?

12. Warum hörte Herr Muschler mit dem Streichen auf?

13. Warum kam Julchen in die Küche?

14. Was hielt Julchen von dem Puppenwagen?

15. Wie verstand Julchen die Silbergeschichte?

16. Wem sollte Julchen diese Geschichte erzählen? Warum?

PERSÖNLICHE FRAGEN

1. Was tun Sie, wenn Leute Ihnen etwas, was Sie nicht wollen, anbieten?

2. Haben Sie mal zu einem Angebot „nein" gesagt? Warum?

3. Von welchem Weihnachtsgeschenk oder Geburtstagsgeschenk waren Sie am meisten überrascht und erfreut? Am wenigsten erfreut?

4. Haben Sie als Kind an den Weihnachtsmann geglaubt? Wie haben Sie die Wahrheit erfahren? Waren Sie sehr enttäuscht, als Sie die Wahrheit erfahren haben?

5. Haben Sie schon mal eine Geschichte erfunden, um etwas zu erklären? Was?

ANREGUNGEN ZUM GESPRÄCH

1. Sind die Deutschen höflicher als die Amerikaner? Wann und wo?

2. Ist Herr Muschler „typisch deutsch" oder „typisch Mann" oder überhaupt „typisch"? Ist Frau Muschler „typisch"? Wieso?

3. Kommt es selten vor, oder passiert es öfters, daß Erwachsene sich so kindlich wie die Muschlers verhalten? Warum? Warum wäre es besser, wenn sie öfter so spielten und nicht immer so ernst wären?

4. Wann ist es besser, Kindern nicht die ganze Wahrheit zu sagen?

5. Was ist eine Notlüge? Wann gebrauchen Leute Notlügen? Was passiert, wenn man öfters davon Gebrauch macht?

ZUSAMMENFASSUNG

Schreiben Sie eine Zusammenfassung der Geschichte im Imperfekt mit etwa 100 bis 150 Wörtern. Benutzen Sie die folgenden Stichwörter:

1. Frau Muschler / Wäsche / Dachboden / aufhängen

2. Nachbarin / Puppenwagen / anschleppen

3. Herr Muschler / zuhören / Frau / nicht // sondern / fernsehen / Zeitung / lesen

4. Später / Herr Muschler / streichen / Puppenwagen / silber

5. Leider / vollklecksen / Herr Muschler / Küche / viel / Sachen

6. Farbe / sein / alle // denn / Herr Muschler / haben / viel / streichen

7. Herr Muschler / aufhören / müssen / mit / Streichen

8. Julchen / Lärm / in / Küche / hören

9. Julchen / denken / jemand / Puppenwagen / bringen // und / alles / was / er / anfassen // Silber / werden

10. Julchen / Nachbarin / sollen / erzählen / Geschichte // und / sie / nehmen / Schuhe / Beweis

NACHERZÄHLUNG

Stellen Sie sich vor, daß Sie der Puppenwagen sind. Erzählen Sie die Geschichte aus seiner Perspektive.

INTERPRETATION

1. Warum war es für Julchen schwer zu verstehen, was wirklich geschehen war?

2. Wofür sind die Eltern ein universales Beispiel?

3. Margret Rettich ist für ihre Kindergeschichten bekannt. Meinen Sie, daß „Die Silbergeschichte" nur für Kinder ist? Warum oder warum nicht?

Kapitel 5

Die Verlobung

Ludwig Thoma (1867–1921)

Ludwig Thoma was born in Oberammergau. He studied forestry for two semesters, then switched to law. After obtaining his degree, Thoma practiced law in a district court in Traunstein and later in Munich for nine years. In 1899 he accepted a position as editor for a satirical magazine, Simplicissimus, *because this job offered him financial security. Thoma served in the Red Cross during World War I but had to return home because of a stomach disorder. He died in 1921 after a long-delayed operation.*

Thoma's motivation to write came from his observation of the rural farmers in the Dachau area, where he was practicing law. His first collection of stories was originally published under the title of Agricola *(1897); the book was expanded and appeared as* Meine Bauern *in 1968. Because Thoma understood human nature so well, he was able to portray, often without mercy, the unique qualities and weaknesses of farmers, small-town folk, and civil servants.*

In his articles that appeared in Simplicissimus, *Thoma satirized Prussian militarism, Wilhelm II, the Catholic clergy, and the oppressive upper class. These popular pieces appeared under the pseudonym of Peter Schlemihl. Thoma's greatest achievement as a writer was a three-act comedy,* Moral, *which first appeared in 1908 and ran for many years. A film version came out in 1927 and again in 1936.*

Thoma also wrote several comedies and farces, including the Lausbubengeschichten *(1905) and* Tante Frieda *(1907). These two works were especially valued because of their humorous High-German diction. Some of Thoma's writings are in a regional Bavarian dialect and one lyrical piece,* Heilige Nacht *(1917), is written in his rural dialect.*

"Die Verlobung" from Lausbubengeschichten, *is still timely and humorous today, eighty-five years after it first appeared. It is a story about a mischievous boy who almost ruins his sister's chances of marrying his teacher.*

A K T I V E R ▼ W O R T S C H A T Z

SUBSTANTIVE

die Ausrede, -n   excuse
der Bauch, ¨e   stomach; abdomen
die Entschuldigung, -en   excuse; apology
der Fleiß (*no pl.*)   diligence
die Gesellschaft, -en   society; company;
   party
der Gipfel, -   peak, summit; **das ist der
   Gipfel**   that's the limit!
das Glied, -er   limb, member; joint
*der Kerl, -e   lad, guy
die Krawatte, -n   tie, necktie
der Lausbub, -en   (*dated*) rascal, scamp
die Sorge, -n   worry; trouble
der Stiefel, -   boot
das Taschentuch, ¨er   handkerchief,
   hanky
die Verlobung, -en   engagement

VERBEN

ab•sehen (ie), a, e   to copy something from
   somebody; to cheat
sich ärgern (über etwas + *acc.*)   to be/get
   annoyed (about something)
auf•schlagen (ä), u, a   to open (a book); to
   hit, strike
sich aus•kennen, a, a   to know one's way
   around
aus•nützen   to use, make use of; to exploit
aus•rutschen (*with* **sein**)   to slip
beweisen, ie, ie   to prove
drücken   to press, push

ein•sperren   to lock up (**in** + *acc.* or
   dat. = **in**)
ertragen (ä), u, a   to bear, endure
heulen   to howl, bawl, wail
sich kümmern um (jemanden *or* **etwas)**   to
   look after (somebody or something)
leiden, litt, gelitten   to suffer; **jemanden
   leiden können** *oder* **mögen**   to like
   someone
lügen, o, o   to lie; to tell a falsehood
schimpfen (auf etwas *or*
   jemanden + *acc.*)   to get angry (at
   something or someone); to grumble (at
   someone), swear, scold
spucken   to spit

ANDERE WÖRTER UND AUSDRÜCKE

(un)anständig   (in)decent(ly), (im)proper(ly)
brav   good, well-behaved; worthy, honest
dreckig   dirty
elend   miserable, wretched
Es geht mich (dich) nichts an!   It has
   nothing to do with me (you)!
Es ist mir wurscht (*sl.*) **(wurst)!**   It's all the
   same to me!
geheimnisvoll   secretly; mysteriously
gescheit   clever, smart
hinterher   behind, after; afterwards
lauter   nothing but; honest
nützlich   useful
reizend   charming, lovely
verdächtig   suspicious
zornig   angry, furious

WORTSCHATZANWENDUNGEN

**A. Ergänzen Sie die Sätze mit einem passenden Wort bzw. passend-
en Wörtern aus dem aktiven Wortschatz. Verwenden Sie einen
(un)bestimmten Artikel, wo es nötig ist.**

1. Der Mann trinkt zuviel Bier und daher hat er einen dicken _____.

2. Der Schüler ist zum dritten Mal zu spät in die Klasse gekommen und
   hatte seine Aufgabe nicht vorbereitet. Da schrie der Lehrer: „Das ist
   _____ _____ der Faulheit!"

3. Die Kinder wurden sehr laut und frech; das konnte die Mutter nicht
   mehr _____.

4. Der Lehrer konnte nicht _____, daß der Schüler während der Prüfung abgeschrieben hat.

5. Ich _____ _____ über Leute, die nicht fair handeln.

6. _____ Sie das Buch auf Seite 46 _____, bitte.

7. Er verliebte sich in das _____ Mädchen.

8. Das Kind ist auf dem Glatteis _____ und hat sich den Arm gebrochen.

9. Die Wölfe _____ jeden Abend, wenn es dunkel wird.

10. Die Frau _____ auf die Kinder, weil sie so laut waren.

11. Sie suchte _____ _____ für ihr schlechtes Benehmen, aber es gab keine.

12. Der Student hat sechs Monate in München verbracht und jetzt _____ er _____ in der Stadt sehr gut _____.

13. Wenn die Mutter auf ihren Sohn böse wird, nennt sie ihn _____ _____!

14. Die Kinder haben ihrem Vater _____ _____ zum Vatertag geschenkt.

15. Das Mädchen _____ _____ _____ die Katze, weil die Familie in Urlaub war.

B. Unten links sehen Sie fünfzehn Adjektive, die aus dem aktiven Wortschatz dieses und anderer Kapitel stammen. Rechts sind fünfzehn Beschreibungen von verschiedenen Personen. Sagen Sie, welches Adjektiv zu welcher Beschreibung paßt.

1. blaß
2. brav
3. dreckig
4. einsam
5. gefällig
6. geheimnisvoll
7. häßlich
8. reizend
9. stolz
10. unanständig
11. vornehm
12. zornig
13. zurückhaltend
14. gescheit
15. toll

a. wer oft allein ist, aber nicht allein sein will
b. intelligent
c. wer sehr wenig über sich selbst sagt; wer wenig unter Leute geht
d. aus einer „guten", wahrscheinlich reichen Familie
e. wunderbar, ausgezeichnet
f. wer sich gut benimmt; wer anständig ist
g. wer sich sehr schlecht benimmt
h. wie man aussieht, wenn man krank ist
i. sehr böse, wütend
j. wer eine sehr gute Meinung von sich selbst hat
k. nicht schön; schlecht aussehend
l. wer über andere Leute keine Informationen gibt
m. sehr schön, sehr attraktiv
n. nicht sauber
o. wer gerne etwas für einen anderen tut

Anregung zum Lesen

Sehen Sie sich die Zeichnungen an, und beantworten Sie die folgenden Fragen mündlich.

1. Wo sind der Junge und der Mann im ersten Bild? Wer sind sie?

2. Warum ist der Mann böse?

3. Hört der Junge dem Mann zu? Warum (nicht)?

4. Wer sind die beiden Personen im zweiten Bild?

5. Wie sehen sie aus? [(nicht mehr) jung, (un)intelligent, am Gespräch (nicht) interessiert, usw.]

6. Wer sind die Personen im dritten Bild?

7. Warum lehnt sich das Fräulein an den Mann?

8. Scheinen die beiden glücklich zu sein?

❸

Hauptideen

Überfliegen Sie die folgende Geschichte, und beantworten Sie die Fragen mündlich.

1. Was sollte der Junge nicht erfahren?

2. Wie hat sich Marie geändert?

3. Was hat Ludwig vom Professor gehalten?

4. Was hat der Professor von Ludwig gehalten?

5. Was haben Marie und die Mutter vom Professor gehalten?

6. Wie hat Ludwig Marie geärgert?

7. Was ist am Sonntag passiert?

Die Verlobung

Unser Klaßprofessor Bindinger hatte es auf meine Schwester Marie abgesehen.°

Ich merkte es bald, aber daheim taten alle so geheimnisvoll, daß ich nichts erfahre.

Sonst hat Marie immer mit mir geschimpft, und wenn meine Mutter sagte: „Ach Gott, ja!", mußte sie immer noch was dazutun und sagte, ich bin ein nichtsnutziger° Lausbub. Auf einmal wurde sie ganz sanft. Wenn ich in die Klasse ging, lief sie mir oft bis an die Treppe nach und sagte: „Magst du keinen Apfel mitnehmen, Ludwig?" Und dann gab sie Obacht,° daß ich einen weißen Kragen° anhatte, und band mir die Krawatte, wenn ich es nicht recht gemacht hatte. Einmal kaufte sie mir eine neue, und sonst hat sie sich nie darum gekümmert. Das kam mir gleich verdächtig vor, aber ich wußte nicht, warum sie es tat.

Wenn ich heimkam, fragte sie mich oft: „Hat dich der Herr Professor aufgerufen?° Ist der Herr Professor freundlich zu dir?"

„Was geht denn dich das an?" sagte ich. „Tu nicht gar so gescheit! Auf dich pfeife° ich!"

Ich meinte zuerst, das ist eine neue Mode von ihr, weil die Mädel alle Augenblicke was anderes haben, daß sie recht gescheit aussehen. Hinterher habe ich mich erst ausgekannt.

Der Bindinger konnte mich nie leiden, und ich ihn auch nicht. Er war so dreckig.

Zum Frühstück hat er immer weiche Eier gegessen; das sah man, weil sein Bart voll Dotter° war.

Er spuckte einen an, wenn er redete, und seine Augen waren so grün wie von einer Katze. Alle Professoren sind dumm, aber er war noch dümmer.

Die Haare ließ er sich auch nicht schneiden und hatte viele Schuppen.°

here: **hatte . . .** had his eye on

good-for-nothing

gab . . . paid attention / collar

dich . . . called on you

Auf . . . couldn't care less

yolk

dandruff

44

Wenn er von den alten Deutschen redete, strich er seinen Bart und machte sich eine Baßstimme.

Ich glaube aber nicht, daß sie einen solchen Bauch hatten und so abgelatschte° Stiefel wie er.

worn-out

35 Die anderen schimpfte er, aber mich sperrte er ein, und er sagte immer: „Du wirst nie ein nützliches Glied der Gesellschaft, elender Bursche!"°

(*dialect*) boy, lad

Dann war ein Ball in der Liedertafel,° wo meine Mutter auch hinging wegen der Marie.

choir club

40 Sie kriegte ein Rosakleid dazu und heulte furchtbar, weil die Näherin° so spät fertig wurde. Ich war froh, wie sie draußen waren mit dem Getue.°

seamstress
fuss

Am anderen Tage beim Essen redeten sie vom Balle, und Marie sagte zu mir: „Du, Ludwig, Herr Professor Bindinger war auch 45 da. Nein, das ist ein reizender Mensch!"

Das ärgerte mich, und ich fragte sie, ob er recht gespuckt hat und ob er ihr Rosakleid nicht voll Eierflecken° gemacht hat. Sie wurde ganz rot, und auf einmal sprang sie in die Höhe und lief hinaus, und man hörte durch die Tür, wie sie weinte.

egg blotches

50 Ich mußte glauben, daß sie verrückt ist, aber meine Mutter sagte sehr böse: „Du sollst nicht unanständig reden von deinen Lehrern; das kann Mariechen nicht ertragen."

„Ich möchte schon wissen, was es sie angeht, das ist doch dumm, daß sie deswegen weint."

55 „Mariechen ist ein gutes Kind", sagte meine Mutter, „und sie sieht, was ich leiden muß, wenn du nichts lernst und unanständig bist gegen deinen Professor."

„Er hat aber doch den ganzen Bart voll lauter Eidotter", sagte ich.

60 „Er ist ein sehr braver und gescheiter Mann, der noch eine große Laufbahn° hat. Und er war sehr nett zu Mariechen. Und er hat ihr auch gesagt, wieviel Sorgen du ihm machst. Und jetzt bist du ruhig!"

career

Ich sagte nichts mehr, aber ich dachte, was der Bindinger für 65 ein Kerl ist, daß er mich bei meiner Schwester verschuftet.°

mich . . . (*dialect*) talks badly about me

Am Nachmittag hat er mich aufgerufen; ich habe aber den Nepos[1] nicht präpariert gehabt und konnte nicht übersetzen.

---

[1] Roman author and friend of Cicero (ca. 100–25 B.C.)

„Warum bist du schon wieder unvorbereitet, Bursche?"
fragte er.

Ich wußte zuerst keine Ausrede und sagte: „Entschuldigen,
Herr Professor, ich habe nicht gekonnt."

„Was hast du nicht gekonnt?"

„Ich habe keinen Nepos nicht präparieren gekonnt, weil meine
Schwester auf dem Ball war."

„Das ist doch der Gipfel der Unverfrorenheit,° mit einer so
törichten° Entschuldigung zu kommen", sagte er, aber ich habe
mich schon auf etwas besonnen° und sagte, daß ich so Kopfweh
gehabt habe, weil die Näherin so lange nicht gekommen war und
weil ich sie holen mußte und auf der Stiege° ausrutschte und mit
dem Kopf aufschlug und furchtbare Schmerzen hatte.

Ich dachte mir, wenn er es nicht glaubt, ist es mir auch
wurscht, weil er es nicht beweisen kann. Er schimpfte mich aber
nicht und ließ mich gehen.

Einen Tag danach, wie ich aus der Klasse kam, saß die Marie
auf dem Kanapee im Wohnzimmer und heulte furchtbar. Und
meine Mutter hielt ihr den Kopf und sagte: „Das wird schon,°
Mariechen. Sei ruhig, Kindchen!"

„Nein, er wird niemals, ganz gewiß nicht, der Lausbub tut es
mit Fleiß, daß ich unglücklich werde."

„Was hat sie denn schon wieder für eine Heulerei?" fragte ich.
Da wurde meine Mutter so zornig, wie ich sie gar nie gesehen habe.

„Du sollst noch fragen!" sagte sie. „Du kannst es nicht vor
Gott verantworten,° was du deiner Schwester tust, und nicht
genug, daß du faul bist, redest du dich auf das arme Mädchen aus°
und sagst, du wärst über die Stiege gefallen, weil du für sie zur
Näherin mußtest. Was soll der gute Professor Bindinger von
uns denken?"

„Er wird meinen, daß wir ihn bloß ausnützen! Er wird meinen,
daß wir alle lügen, er wird glauben, ich bin auch so!" schrie Marie
und drückte wieder ihr nasses Tuch auf die Augen.

Ich ging gleich hinaus, weil ich schon wußte, daß sie noch
ärger° tut, wenn ich dabeiblieb, und ich kriegte das Essen auf mein
Zimmer.

Das war an einem Freitag; und am Sonntag kam auf einmal
meine Mutter zu mir herein und lachte so freundlich und sagte, ich
soll in das Wohnzimmer kommen.

Da stand der Herr Professor Bindinger, und Marie hatte den
Kopf bei ihm angelehnt,° und er schielte° furchtbar. Meine Mutter

---

Marginal glosses (right column):

insolence

foolish, stupid

auf . . . remembered
  something

(narrow) flight of stairs
  or staircase

Das . . . It will turn out all
right . . .

accept (the) responsibility for

redest . . . excuse yourself
  by . . .

here: (dialect) worse

leaned, rested / was looking
  cross-eyed at her

110 führte mich bei der Hand und sagte: „Ludwig, unsere Marie wird jetzt deine Frau Professor", und dann nahm sie ihr Taschentuch heraus und weinte. Und Marie weinte. Der Bindinger ging zu mir und legte seine Hand auf meinen Kopf und sagte: „Wir wollen ein nützliches Glied der Gesellschaft aus ihm machen."

FRAGEN ZUM LESESTÜCK

1. Was hatte der Klassenlehrer getan?
2. Wer merkte, was der Lehrer getan hatte?
3. Was tat Marie immer? Wann?
4. Was kaufte Marie für Ludwig?
5. Warum kam es ihm verdächtig vor, was Marie tat?
6. Was fragte Marie oft, wenn Ludwig von der Schule nach Hause kam?
7. Warum konnte Ludwig den Lehrer nicht leiden?
8. Was aß der Lehrer immer zum Frühstück? Wie wußte man das?
9. Wie sah der Lehrer aus?
10. Was sagte der Lehrer mehrmals über Ludwig?
11. Wohin gingen Marie und ihre Mutter?
12. Wer war auch beim Ball?
13. Warum wurde Marie ganz rot und rannte hinaus?
14. Was sagte dann die Mutter über den Herrn Professor?
15. Was passierte am Nachmittag in der Schule?
16. Welche Ausrede machte Ludwig?
17. Warum heulte Marie am nächsten Tag?
18. Warum wurde die Mutter dann auch zornig?
19. Warum weinte Marie am Ende der Geschichte?
20. Was sagte der Lehrer am Ende über Ludwig?

PERSÖNLICHE FRAGEN

1. Sind Ihre Geschwister oder Freunde mal ganz nett zu Ihnen gewesen und Sie wußten nicht warum? Sind Sie später dahinter gekommen? Was war der Grund?
2. Ärgern Ihre Geschwister Sie manchmal? Verteidigt Ihre Mutter oder Ihr Vater Sie? Was passiert dann? Oder versuchen Sie, die Geschwister zu ärgern?

3. Kennen Sie eine(n) Lehrer(in) oder Professor(in) wie Herrn Professor Bindinger? Was war besonders an Ihrem Lehrer oder Professor?

4. Was ist die beste Ausrede, die Sie gehört oder benutzt haben, warum man die Hausarbeit nicht getan hat?

5. Haben Sie es früher wichtig gefunden, welche Kleidung man zur Schule trug? Gefällt Ihnen, was man heute in der Klasse trägt? Welche Kleidung tragen Sie, wenn Sie tanzen gehen?

ANREGUNGEN ZUM GESPRÄCH

1. Der Lehrer beschimpft die anderen Schüler und sperrt Ludwig ein. Wie bestrafen Lehrer ihre Schüler heutzutage?

2. Die Mutter gibt Marie immer recht. Warum? Ist sie Ludwig gegenüber fair? Weshalb? Weshalb nicht?

3. Ist Ludwig auf seine Schwester eifersüchtig? Wie zeigt sich das?

4. Warum weint Marie immer wieder? War das typisch für Mädchen von damals? Ist das heute auch noch so? Ist Ludwig so wie die Jungen heute sind?

5. Warum war Ludwigs zweite Ausrede besonders wirksam? Warum war der Lehrer diesmal so milde?

6. Warum sagt der Lehrer am Ende der Geschichte, daß man doch ein nützliches Glied der Gesellschaft aus Ludwig machen will? Warum hat er seine Haltung geändert?

7. Schauen Sie sich das erste und das dritte Bild wieder an. Wie war Ihr erster Eindruck von dem Professor? Haben Sie diese Meinung geändert, nachdem Sie die Geschichte gelesen haben? Wieso oder wieso nicht?

ZUSAMMENFASSUNG

Schreiben Sie eine Zusammenfassung der Geschichte im Imperfekt mit etwa 100 bis 150 Wörtern. Benutzen Sie die folgenden Stichwörter:

1. Ludwig / sein / ein / Lausbub // aber / auf / einmal / werden / sein- Schwester / ganz / nett / zu / er

2. Schwester / geben / Ludwig / Äpfel / und / binden / sein- / Krawatte

3. Schwester / fragen // ob / Professor / freundlich / zu / Ludwig / sein

4. Ludwig / können / Professor / nicht / leiden // denn / er / sein / so / dreckig

5. Marie / gehen / zu / Ball / in / ein- / Rosakleid // und / Professor / sein / da

6. Ludwig / ärgern / sein- / Schwester / wieder // und / sie / weinen

7. Ludwig / haben / sein- / Aufgabe / nicht / vorbereiten // aber / er / haben / ein- / Ausrede

8. Ludwig / sagen // er / müssen / Näherin / holen / und / sein / auf / Treppe ausrutschen

9. Marie / weinen / wieder // denn / sie / glauben // Ludwig / haben / ihr- / Chance / bei / Professor / ruinieren

10. An / Sonntag / sagen / Ludwigs / Mutter // daß / Marie / und / Professor heiraten / werden

NACHERZÄHLUNG

Verwenden Sie die Bilder und die aktiven Vokabeln, um die Geschichte mündlich wiederzuerzählen. *Oder* erzählen Sie diese Geschichte vom Standpunkt der Schwester aus.

INTERPRETATION

1. Ludwig hat eine ganz andere Meinung von dem Professor als Marie und seine Mutter. Könnten alle drei recht haben? Beschreiben Sie Professor Bindinger, wie Sie ihn sehen.

2. Würde man eine Geschichte wie „Die Verlobung" heute schreiben? Warum oder warum nicht?

3. Ludwig Thoma war Humorist und Satiriker. Was haben Sie in dieser Geschichte humorvoll gefunden? Geben Sie einige Beispiele.

Kapitel 6

Es war ein reizender Abend

Erich Kästner (1899–1974)

Erich Kästner was born in Dresden in 1899. He first studied to be a teacher, but World War I interrupted his education. After the war Kästner studied Germanistik *in Berlin, Rostock, and Leipzig. In 1927 he returned to Berlin and became a freelance writer. His first collection of poetry,* Herz auf Taille, *appeared in 1928. Unlike many other German writers, Kästner did not leave Germany in 1933 when the Nazis banned and burned his books. Instead he wrote under an assumed name, and his books were published abroad. He was the author of the script for the film version of* Münchhausen, *which first appeared in 1943. From 1945 to 1948 he was chief editor of the features section of the* Neue Zeitung *in Munich. Kästner was president of the German division of PEN (Poets and playwrights, Essayists and editors, and Novelists), a well-known international group of writers. He was awarded the* Büchner Preis *in 1957.*

Kästner had the ability to identify with his readers; he did not hold himself aloof, and he had something to say to everyone. His popularity is probably due in part to the fact that he knew how to laugh about his own weaknesses and mistakes, and he shares his insights about himself with the reader. His satire, however, is sharp and cutting when attacking brutality, obstinacy, laziness, cowardice and narrow-mindedness.

Kästner is known to many older readers for his children's book Emil und die Detektive *(1928), which was used as a reader for many decades in public schools. Kästner is also known for his collection of poetry,* Doktor Erich Kästners lyrische Hausapotheke *(1936), which many readers of German have enjoyed. Other popular titles by Kästner include the children's books* Till Eulenspiegel *(1938),* Der gestiefelte Kater *(1950), and* Gullivers Reisen *(1961). He also wrote several radio plays, plays, short stories, and novels.*

The short story "Es war ein reizender Abend" is typical of Kästner's touch. Haven't we all received invitations we didn't really want to accept, but were too polite to decline? With humor and satire, Kästner shows us the consequences of one such invitation.

A K T I V E R ▼ W O R T S C H A T Z

SUBSTANTIVE

der Abstand, ⸚e distance; gap
die Bewegung, -en movement
der Blumenkohl (*no pl.*) cauliflower
der Daumen, - thumb
der / die Einbrecher / in, - / -nen burglar
die Einladung, -en invitation
die Kette, -n chain
das Kotelett, -s chop, cutlet
der Satz, ⸚e sentence; leap
das Schloß, *pl.* **Schlösser** lock; castle
die Schnauze, -n snout, nose; (sl.) mouth;
    spout
der Verleger, - publisher; distributor
der Witz, -e joke

VERBEN

ab•hängen, i, a to take down; **(von etwas)**
    to depend (on something)
an•kündigen to announce; to advertise
bevorzugen to prefer
(sich) bilden to form; to educate
(sich) bücken to bend (over)
eilen to hurry
entzücken to delight
kauen to chew
klettern (*with* **sein**) to climb
mit•teilen (jemandem etwas) to tell
    (somebody something)

mustern to scrutinize, look over
(sich) pflegen to be in the habit of; to care
    about one's appearance
plaudern to chat, talk (**über** + *acc.*,
    von = about)
probieren to try; to taste
streicheln to stroke; to caress
verlaufen (ä), ie, au (*with* **sein**) to pass
    (time-span); to proceed (an investigation)
sich verstauchen (+ *dat.*) to sprain (one's
    hand, foot etc.)
verzehren to consume
wagen to venture; to risk
(sich) zanken (mit jemandem) to quarrel
    (with someone)

ANDERE WÖRTER UND AUSDRÜCKE

anschließend afterwards; following
bedrohlich dangerous(ly), alarming(ly),
    threatening(ly)
beispielsweise for example
fröhlich happy(ily), cheerful(ly), merry(ily)
heftig violent, vigorous
sich einen Schnupfen holen to catch a
    cold
ums Haar very nearly, almost
zärtlich tender(ly), affectionate(ly), loving(ly)

WORTSCHATZANWENDUNGEN

**A. Ergänzen Sie die Sätze mit einem passenden Wort bzw. passend-
en Wörtern aus dem aktiven Wortschatz. Verwenden Sie einen
(un)bestimmten Artikel, wo es nötig ist.**

1. Leider hat er den Sinn des _____ nicht verstanden.

2. Er hatte keine Lust, das chinesische Essen zu _____.

3. Manchmal kommen wir zusammen, um einfach Kaffee zu trinken und
   zu _____.

4. Der Junge ist vom Fahrrad gefallen und _____ _____ dabei eine
   Hand.

5. Die Kinder _____ es nicht, in den Garten zu gehen, weil der Hund so
   bedrohlich knurrte.

6. Der Schlüssel paßte nicht in _____ _____, und daher konnte er die Tür nicht aufmachen.

7. Weil Else so tierfreundlich ist, _____ sie das Kätzchen gerne.

8. Der große Hund steckte die sehr kalte _____ immer wieder ins Gesicht seines Herrn.

9. Da wir schon etwas vorhatten, mußten wir ihre _____ absagen.

10. Das Baby lutschte immer an seinem _____, und die Mutter hatte Angst, daß es schiefe Zähne kriegen würde.

11. Das Puppentheater im Park hat die Kinder _____.

12. Sie hat ihrem Bruder nicht _____, daß sie in seinen Lehrer verliebt war.

13. Ob wir ein Picknick am Samstag haben können, _____ natürlich vom Wetter _____.

14. Wenn man Auto fährt, soll man einen gewissen _____ zum nächsten Auto haben.

15. Alle Kinder _____ aus der Schule hinaus, als jemand „Feuer" schrie.

B. Merken Sie sich die folgenden verwandten Wörter: Substantive mit der Endung *-ung* und Verben. Ergänzen Sie die Sätze mit einem dieser Wörter.

die Ankündigung ankündigen	die Einladung einladen	
die Bedrohung bedrohen	die Entzückung entzücken	
die Bewegung (sich) bewegen	die Mitteilung mitteilen	
die Bildung bilden		

1. Der kleine Junge wollte nur Jungen und keine Mädchen zu seiner Party _____.

2. Die Maus machte keine _____, damit die Katze sie nicht sieht.

3. Ich weiß, daß das Auto mehr kosten wird, ich habe _____ _____ in der Zeitung gelesen.

4. Weil die Professorin _____ ausgezeichnete _____ hatte, konnte sie eine gute Stellung bekommen.

5. Das Erdbeben in Kalifornien hatte mehrere Städte _____.

Anregung zum Lesen

Sehen Sie sich die Zeichnungen an, und beantworten Sie die folgenden Fragen mündlich.

1. Was für einen Hund sehen Sie im ersten Bild?

2. Ist der Hund freundlich? Was will er?

3. Wie sehen die Menschen aus?

4. Wo ist der Mann im zweiten Bild?

5. Was tut der Mann?

6. Wer wartet hinter der Tür?

7. Was tut der Mann im dritten Bild? Warum?

❸

Hauptideen

Überfliegen Sie die folgende Geschichte, und beantworten Sie die Fragen mündlich.

1. Was will der Erzähler nicht machen?

2. Wo war der Erzähler vor drei Wochen mit seiner Frau?

3. Wer ist plötzlich durch die Tür gekommen?

4. Was hat das Tier getan, als Frau Thorn eine Handbewegung machte?

5. Wohin ist der Erzähler während des Essens gegangen?

6. Wie lange ist er im Waschraum geblieben? Warum?

7. Wie ist er endlich aus dem Waschraum herausgekommen? Warum?

Es war ein reizender Abend

Ach, wie schön ist es, von niemandem eingeladen, durch die abendlichen Geschäftsstraßen zu schlendern,° irgendwo eine Schweinshaxe° zu verzehren und, allenfalls,° mit einem fremden Menschen über den Kaffeepreis zu plaudern! Aber Einladungen? Nein. Dafür ist das Leben zu kurz.

Nehmen wir beispielsweise die Einladung bei Burmeesters. Vor drei Wochen. Entzückende Leute. Gebildet, weltoffen, hausmusikalisch, nichts gegen Burmeesters. Und wir wußten, wer außer uns käme. Thorn, der Verleger, mit seiner Frau, also alte Bekannte. Wir waren pünktlich. Der Martini war so trocken, wie ein Getränk nur sein kann. Thorn erzählte ein paar Witze, weder zu alt noch zu neu, hübsch abgehangen.° Lottchen sah mich an, als wollte sie sagen: „Was hast du eigentlich gegen Einladungen?" Ja. Und dann flog die Tür auf.

Ein Hund trat ein. Er mußte sich bücken. So groß war er. Eine dänische Dogge,° wie wir erfuhren. Lottchen dachte: „Die Freunde meiner Freunde sind auch meine Freunde", und wollte das Tier streicheln. Es schnappte zu. Wie ein Vorhängeschloß.° Zum Glück ein wenig ungenau. „Vorsicht!" sagte der Hausherr. „Ja nicht° streicheln! Doktor Riemer hätte es neulich ums Haar einen Daumen gekostet. Der Hund ist auf den Mann dressiert."°

Frau Thorn, die auf dem Sofa saß, meinte zwinkernd: „Aber doch nicht auf die Frau." Sie schien hierbei etwas vorlaut° eine Handbewegung gemacht zu haben, denn schon sprang die Dogge, elegant wie ein Hannoveraner Dressurpferd,[1] mit einem einzigen Satz° quer durchs Zimmer und landete auf Frau Thorn und dem

	stroll
	knuckle of pork / if need be
	here: like a well-aged sausage
	Great Dane
	padlock
	Ja . . . Don't (you) dare
	auf . . . trained on . . .
	cheeky, impertinent
	leap

---

[1] **Hannoveraner** . . . a trained horse from Hannover (a city in north-central Germany)

Sofa, daß beide in allen Nähten krachten.° Herr und Frau Burmeester eilten zu Hilfe, zerrten ihren Liebling ächzend° in die Zimmermitte und zankten zärtlich mit ihm. Anschließend legte der Gastgeber das liebe Tier an eine kurze aus Stahlringen gefügte° Kette. Wir atmeten vorsichtig auf.

Dann hieß es, es sei serviert. Wir schritten, in gemessenem° Abstand, hinter dem Hund, den Herr Burmeester an der Kette hatte, ins Nebenzimmer.

Die Suppe verlief ungetrübt.° Denn der Hausherr aß keine. Als die Koteletts mit dem Blumenkohl in holländischer Soße auf den Tisch kamen, wurde das anders. Man kann kein Kalbskotelett essen, während man eine dänische Dogge hält. „Keine Angst", sagte Herr Burmeester. „Das Tier ist schläfrig und wird sich gleich zusammenrollen. Nur eins, bitte—keine heftigen Bewegungen!"

Wir aßen wie die Mäuschen. Mit angelegten Ohren.° Wagten kaum zu kauen. Hielten die Ellbogen eng an den Körper gewinkelt.° Doch das Tier war noch gar nicht müde. Es beschnüffelte uns hinterrücks.° Sehr langsam. Sehr gründlich. Dann blieb es neben mir stehen und legte seine feuchtfröhliche° Schnauze in meinen Blumenkohl. Burmeesters lachten herzlich, riefen nach einem frischen Teller, und ich fragte, wo man sich die Hände waschen könne.

Als ich, ein paar Minuten später, aus dem Waschraum ins Speisezimmer zurückwollte, knurrte° es im Korridor. Es knurrte sehr. Mit einem solchen Knurren pflegen sich sonst größere Erdbeben° anzukündigen. Ich blieb also im Waschraum und betrachtete Burmeesters Toilettenartikel. Als ich nach weiteren zehn Minuten die Tür von neuem aufklinken° wollte, knurrte es wieder. Noch bedrohlicher als das erstemal. Nun schön. Ich blieb. Kämmte mich. Probierte, wie ich mit Linksscheitel° aussähe. Mit Rechtsscheitel. Bürstete mir einen Hauch° Brillantine ins Haar. Nach einer halben Stunde klopfte Herr Burmeester an die Tür und fragte, ob mir nicht gut sei.

„Doch, doch, aber Ihr Hündchen läßt mich nicht raus!", rief ich leise. Herr Burmeester lachte sein frisches, offenes Männerlachen. Dann sagte er: „Auf diese Tür ist das Tier besonders scharf. Wegen der Einbrecher. Einbrecher bevorzugen° bekanntlich die Waschräume zum Einsteigen. Warum, weiß kein Mensch, aber es ist so. Komm Cäsar!" Cäsar kam nicht. Nicht ums Verrecken.° Statt dessen kam Frau Burmeester. Und Lottchen. Und das Ehepaar Thorn. „Sie Armer!" rief Frau Thorn.

Margin glosses:

in ... burst at the seams
groaning

aus ... made of ...

schritten ... proceeded in safe

undisturbed

Mit ... with ears put back (showing fear)

at an angle

beschnüffelte ... sniffed at us from behind
wetly-merry

growled

earthquakes

open

a part on the left (hair)
here: a touch (a little bit)

prefer

Nicht ... Not on your life!

Zwischendurch teilte mir Herr Burmeester mit, er wolle den Hundedresseur anrufen. Irgendwann klopfte er und sagte, der Mann sei leider im Krankenhaus. Ob er später noch einmal geklopft hat, weiß ich nicht. Ich kletterte durch das leider etwas schmale und hochgelegene Fenster, sprang in den Garten, verstauchte mir den linken Fuß und humpelte° heimwärts. Bis ich ein Taxi fand. Geld hatte ich bei mir. Hätte ich vorher gewußt, was käme, hätt' ich, als ich in den Waschraum ging, den Mantel angezogen. So saß ich schließlich, restlos verbittert, auf unserer Gartenmauer und holte mir einen Schnupfen. Als Lottchen mit meinem Hut, Schirm und Mantel angefahren kam, musterte sie mich ein wenig besorgt und erstaunt. „Nanu", meinte sie, „seit wann hast du denn einen Scheitel?"

Wie gesagt, Einladungen sind eine schreckliche Sache. Ich humpele heute noch.

hobbled, limped

FRAGEN ZUM LESESTÜCK

1. Wo möchte der Erzähler gern spazierengehen?
2. Wo möchte er gern essen?
3. Mit wem war er bereit zu sprechen?
4. Wofür findet er das Leben zu kurz?
5. Was für Leute waren die Burmeesters?
6. Wer war auch eingeladen?
7. Was für einen Hund hatten Burmeesters?
8. Warum wollte Lottchen den Hund streicheln?
9. Wie reagierte der Hund auf Lottchens Handbewegung?
10. Was sagte Herr Burmeester, wäre Doktor Riemer fast passiert?
11. Was meinte Frau Thorn?
12. Was passierte Frau Thorn?
13. Was tat Herr Burmeester dann mit dem Hund?
14. Welche Warnung gab Herr Burmeester seinen Gästen?
15. Wie aßen die Gäste das Essen?
16. Was tat der Hund, während Herr Burmeester aß?
17. Wohin legte der Hund seine Schnauze?
18. Was passierte, als der Erzähler aus dem Waschraum ins Speisezimmer wollte?
19. Was machte der Erzähler im Waschraum?
20. Was passierte dem Erzähler, nachdem er aus dem Fenster kletterte?

PERSÖNLICHE FRAGEN

1. Haben Sie Einladungen gern? Warum oder warum nicht?

2. Kommen Sie gut mit Tieren aus?

3. Kennen Sie jemanden, der sein Haustier nicht gut erzogen hat? Was für ein Tier hat dieser Mensch? Gehen Sie gern dort zu Besuch?

4. Haben Sie Bekannte, deren Kinder sich nicht benehmen können? Was finden Sie schlimmer, unerzogene Haustiere oder unerzogene Kinder? Warum?

5. Was hätten Sie gemacht, wenn Sie—wie der Erzähler—nicht aus dem Waschraum gekonnt hätten?

ANREGUNGEN ZUM GESPRÄCH

1. Wie benimmt sich die Dogge? Wie haben Burmeesters den Hund behandelt? Was sagt das über sie aus?

2. Sollen Gäste vor einem Hund Angst haben? Hätte der Erzähler nicht sagen können, daß der Hund in einem anderen Zimmer während des Essens bleiben sollte?

3. Wie haben Sie auf die Frage der Frau des Erzählers am Ende der Geschichte reagiert?

4. Schon zu Beginn meinte der Erzähler, daß er lieber nicht irgendwo eingeladen sein möchte. Was hatte er gegen Einladungen?

5. Schauen Sie sich die Bilder noch einmal an. Als Sie sie zum erstenmal gesehen haben, was haben Sie sich vorgestellt, worum die Geschichte geht? Ist die Geschichte anders, als Sie erwartet haben? Wieso?

ZUSAMMENFASSUNG

Schreiben Sie eine Zusammenfassung der Geschichte im Imperfekt mit etwa 100 bis 150 Wörtern. Benutzen Sie die folgenden Stichwörter:

1. Erzähler / Frau / einladen / Burmeesters / zu / Essen

2. Gespräch / und / Martini / sein / trocken

3. Herr und Frau Thorn / sein / auch / einladen / zu / Essen

4. Ein- / dänisch- / Dogge / kommen / in / Zimmer / und / schnappen / fast / nach / Lottchens / Hand

5. Dann / springen / Dogge / durch / Zimmer / und / landen / auf / Frau Thorn

6. Herr Burmeester / legen / Hund / an / ein- / kurz- / Kette / und / halten / Hund / fest

7. Da / Herr Burmeester / essen / kein- / Suppe // können / Gäste / ihr- / Suppe / in Ruhe / essen

8. Nachdem / Koteletts / servieren / sein // legen / Hund / Schnauze / in / Blumenkohl

9. Erzähler / gehen / um / Hände / zu / waschen // aber / Hund / lassen / ihn / nicht / aus / Waschraum / heraus

10. Erzähler / müssen / Fenster / klettern / und / verstauchen / sich / Fuß

NACHERZÄHLUNG

Verwenden Sie die Bilder und die aktiven Vokabeln, um die Geschichte mündlich wiederzuerzählen.

INTERPRETATION

1. Warum wählte der Autor den Titel „Es war ein reizender Abend"? Was meinte er damit?

2. Geben Sie mindestens zwei Beispiele von Kästners Humor und Satire.

Kapitel 7

Der Mann mit dem Gedächtnis

Peter Bichsel (1935–)

Peter Bichsel was born in 1935 in Lucerne, Switzerland. He began his career as an elementary school teacher, living first in Zuchwill, then in Solothurn, Switzerland. In 1964 he became known for his book of short stories about everyday people, Eigentlich möchte Frau Blum den Milchmann kennenlernen. *A year later he received the Lessing Award from the city of Hamburg and the prestigious* Preis der Gruppe 47, *a prize awarded by a group of German-speaking authors, most of whom enjoy an established international reputation. In 1966 Bichsel was awarded the Förderungspreis by the city of Olten, where he grew up. Bichsel gave up teaching two years later to work solely as a freelance writer and journalist. In 1969 his "Des Schweizers Schweiz" appeared in print. In it Bichsel informs the Swiss of their shortcomings much as a school teacher might tell students of their weaknesses. This essay and another one that followed it received much national and international acclaim. In addition, Bichsel has written two novels, several volumes of short stories, and collections of essays. Published in 1985, one of his most recent volumes of short stories is entitled* Schulmeistereien. *Bichsel and his wife presently reside in Bellach, Switzerland.*

Bichsel writes about the individual's relationship to reality rather than about reality itself: "Mich interessiert nicht die Wirklichkeit, sondern das Verhältnis zu ihr." He feels that his stories must surprise him while he is writing them. Bichsel's stories surprise the reader too, because they do not fit into any standard form or mold.

Bichsel also writes about ordinary people, using great care and detail so that the reader is drawn into the story. His language is simple and logical, and his themes are universal—an old man's loneliness, an inventor's inability to communicate with average people, a couple's pride in their daughter. "Der Mann mit dem Gedächtnis" is the tale of a man's obsession to possess information that is his alone.

A K T I V E R ▾ W O R T S C H A T Z

SUBSTANTIVE

die Ahnung, -en notion, idea; **keine Ahnung (von etwas) haben** to have no idea (about something)

die Änderung, -en change

der Anschluß, ̈-sse connection

die Auskunft, ̈-e information

das Auskunftsbüro, -s information office

der Bahnhofsvorstand (no pl.) station master

der Beamte, -n, -n / die Beamtin, -nen (noun declined as an adjective when masculine) official, civil servant

der Fahrplan, ̈-e (train) schedule

das Gedächtnis (no pl.) memory

*__die Kraft, ̈-e__ power

der Luftsprung, ̈-e a leap in the air; a jump for joy

das Rad, ̈-er wheel

der Schalter, - counter

der Speisewagen, - dining car

die Treppenstufe, -n step

das Trittbrett, -er running-board

die Wirtschaft, -en economy; bar, tavern

das Wissen (no pl.) knowledge

VERBEN

ab•warten to wait for something

aus•lachen to laugh at

*__begreifen, begriff, begriffen__ to comprehend, understand

erleben to experience

*__sich merken__ (dat.) to note

übrig•bleiben, ie, ie (with **sein**) to remain, be left over

um•steigen, ie, ie (with **sein**) to change (busses, trains, etc.)

verbieten, o, o to prohibit

verbrauchen to use up, consume

verbringen, verbrachte, verbracht to spend, pass time

verderben (i), a, o to spoil; (with **sein**) to become spoiled

verpassen, verpaßte, verpaßt to miss (a train, etc.)

verprügeln to beat up

*__vor•kommen, kam vor, vorgekommen__ (with **sein**) to occur, happen

wechseln to exchange or replace; to change

ANDERE WÖRTER UND AUSDRÜCKE

auswendig lernen to learn by heart, memorize

bereits already

*__dazu__ in addition, for that purpose

*__irgendwohin__ somewhere, to some place or other

WORTSCHATZANWENDUNGEN

A. Ergänzen Sie die Sätze mit einem passenden Wort bzw. passenden Wörtern aus dem aktiven Wortschatz. Verwenden Sie einen (un)bestimmten Artikel, wo es nötig ist.

1. Wenn man eine Fahrkarte kaufen will, muß man oft am _____ warten.

2. Wenn man Informationen braucht, geht man zum _____.

3. Er konnte es nicht _____, daß er keinen Anschluß bekam.

4. Das Rauchen ist im Klassenzimmer _____.

5. Die Kinder haben ihn _____, weil er so komisch aussah.

6. Ein Mathematiker sollte ein gutes _____ für Zahlen haben.

7. Der Reisende _____ _____ die Abfahrtszeiten, ehe er eine Fahrkarte kaufte.

8. Die Frau kam zu spät und hat den Zug _____.

9. Wenn manche Kinder sehr glücklich sind, machen sie _____ _____.

10. Die Studenten haben im _____ des Zuges das Mittagessen gegessen.

11. Kinder können die Zeit bis Weihnachten kaum _____.

12. Die Schüler sollen ein Gedicht _____ _____.

13. Wenn Leute älter werden, dann besitzen sie oft ein enormes _____.

14. Viele Studenten haben keine _____ von der deutschen Geschichte.

15. Es kann mal _____, daß man die Schlüssel im Auto liegen läßt.

B. Viele Wörter in diesem aktiven Wortschatz sind entweder von Hauptwörtern oder Verben abgeleitet worden. Ergänzen Sie die folgenden Sätze, indem Sie eines von den folgenden Wörtern gebrauchen. Vergessen Sie nicht, die richtige Form des Verbs zu gebrauchen.

die Ahnung, -en   ahnen   das Erlebnis, -se   erleben

die Änderung, -en   ändern   das Verbot, -e   verbieten

der Anschluß, ⸚sse   anschließen   der Verbrauch   verbrauchen

der Begriff, -e   begreifen   der Wechsel, -   wechseln

1. Um die Welt zu reisen ist ein einmaliges _____.

2. Der Plan steht fest; wir können nichts daran _____.

3. _____ _____ von Österreich ans Deutsche Reich war ein historisches Ereignis.

4. Die Studentin wollte einige Banknoten an der Kasse _____.

5. Der Junge befolgte _____ _____ seines Vaters; er wollte nicht bestraft werden.

6. Der Saldo ihres Scheckbuches stimmt nicht, da sie keine _____ von Zahlen hat.

7. „Hast du _____, daß du den ersten Preis bekommen würdest?"

Anregung zum Lesen

Sehen Sie sich die Zeichnungen an, und beantworten Sie die folgenden Fragen mündlich.

1. Was liest der Mann im ersten Bild? Warum?

2. Warum liegt der Hörer auf dem Fußboden?

3. Was findet man auf einem Fahrplan?

4. Sehen Sie sich das zweite Bild an. Wo findet man gewöhnlich ein Auskunftsbüro?

5. Was muß man wissen, wenn man in einem Auskunftsbüro arbeitet?

6. Was macht der Mann im dritten Bild?

7. Was könnten das erste und das dritte Bild mit dem Titel dieser Geschichte zu tun haben?

Hauptideen

Überfliegen Sie die folgende Geschichte, und beantworten Sie die Fragen mündlich.

1. Was war das einzige Interesse des Mannes? Was hat er darüber gewußt? Wie hat er seine Tage verbracht?

2. Worüber hat er sich gefreut? Wann ist er böse geworden?

3. Was hat er geglaubt, wäre der Grund, daß andere Leute mit dem Zug fahren?

4. Was ist passiert, als eines Tages ein Auskunftsbüro eröffnet wurde?

5. Was hat der Mann am Ende getan? Inwiefern ist sein Leben anders als vorher, und inwiefern ist es dasselbe geblieben?

Der Mann mit dem Gedächtnis

Ich kannte einen Mann, der wußte den ganzen Fahrplan auswendig, denn das einzige, was ihm Freude machte,° waren Eisenbahnen, und er verbrachte seine Zeit auf dem Bahnhof, schaute, wie die Züge ankamen und wie sie wegfuhren. Er bestaunte° die Wagen, die Kraft der Lokomotiven, die Größe der Räder, bestaunte die aufspringenden Kondukteure und den Bahnhofsvorstand.

was . . . that made him happy

looked at with astonishment

Er kannte jeden Zug, wußte, woher er kam, wohin er ging, wann er irgendwo ankommen wird und welche Züge von da wieder abfahren und wann diese ankommen werden.

Er wußte die Nummern der Züge, er wußte, an welchen Tagen sie fahren, ob sie einen Speisewagen haben, ob sie die Anschlüsse abwarten oder nicht. Er wußte, welche Züge Postwagen führen° und wieviel eine Fahrkarte nach Frauenfeld, nach Olten, nach Niederbipp[1] oder irgendwohin kostet.

here: have (mail) cars

Er ging in keine Wirtschaft, ging nicht ins Kino, nicht spazieren, er besaß kein Fahrrad, kein Radio, keinen Fernseher, las keine Zeitungen, keine Bücher, und wenn er Briefe bekommen hätte, hätte er auch diese nicht gelesen. Dazu fehlte ihm die Zeit, denn er verbrachte seine Tage im Bahnhof, und nur wenn der Fahrplan wechselte, im Mai und im Oktober,[2] sah man ihn einige Wochen nicht mehr.

Dann saß er zu Hause an seinem Tisch und lernte auswendig, las den neuen Fahrplan von der ersten bis zur letzten Seite, merkte sich die Änderungen und freute sich über sie.

---

[1] **Frauenfeld . . .** cities in Switzerland
[2] In Europe schedules are changed for the summer and winter months.

Es kam auch vor, daß ihn jemand nach einer Abfahrtszeit fragte. Dann strahlte er übers ganze Gesicht und wollte genau wissen, wohin die Reise gehe, und wer ihn fragte, verpaßte die Abfahrtszeit bestimmt, denn er ließ den Frager nicht mehr los, gab
30 sich nicht damit zufrieden, die Zeit zu nennen, er nannte gleich die Nummer des Zuges, die Anzahl der Wagen, die möglichen Anschlüsse, die Fahrzeiten; erklärte, daß man mit diesem Zug nach Paris fahren könne, wo man umsteigen müsse und wann man ankäme,[3] und er begriff nicht, daß das die Leute nicht interessierte.
35 Wenn ihn aber jemand stehen ließ und weiterging, bevor er sein ganzes Wissen erzählt hatte, wurde er böse, beschimpfte die Leute und rief ihnen nach. „Sie haben keine Ahnung von Eisenbahnen!"

Er selbst bestieg° nie einen Zug.

Das hätte auch keinen Sinn,[4] sagte er, denn er wisse ja zum
40 voraus,° wann der Zug ankomme. „Nur Leute mit schlechtem Gedächtnis fahren Eisenbahn", sagte er, „denn wenn sie ein gutes Gedächtnis hätten, könnten sie sich doch wie ich die Abfahrts- und die Ankunftszeit merken, und sie müßten nicht fahren, um die Zeit zu erleben."

45 Ich versuchte es ihm zu erklären, ich sagte: „Es gibt aber Leute, die freuen sich über die Fahrt, die fahren gern Eisenbahn und schauen zum Fenster hinaus und schauen, wo sie vorbeikommen."

Da wurde er böse, denn er glaubte, ich wolle ihn auslachen,
50 und er sagte: „Auch das steht im Fahrplan, sie kommen an Luterbach vorbei und an Deitigen, an Wangen, Niederbipp, Önsingen, Oberbuchsiten, Egerkingen und Hägendorf."[5]

„Vielleicht müssen die Leute mit der Bahn fahren, weil sie irgendwohin wollen", sagte ich.

55 „Auch das kann nicht wahr sein", sagte er, „denn fast alle kommen irgend einmal zurück, und es gibt sogar Leute, die steigen jeden Morgen hier ein und kommen jeden Abend zurück—so ein schlechtes Gedächtnis haben sie."

---

boarded

(dialect for **im voraus**) in advance

---

[3] **könne, müsse, ankäme** subjunctive forms for indirect speech
[4] **Das . . .** That wouldn't make any sense
[5] **Luterbach . . .** cities in Switzerland and Germany

Und er begann die Leute auf dem Bahnhof zu beschimpfen. Er
60   rief ihnen nach: „Ihr Idioten, ihr habt kein Gedächtnis." Er rief
ihnen nach: „An Hägendorf werdet ihr vorbeikommen", und er
glaubte, er verderbe ihnen damit den Spaß.

Er rief: „Sie Dummkopf, Sie sind schon gestern gefahren."
Und als die Leute nur lachten, begann er sie von den Trittbrettern
65   zu reißen und beschwor° sie, ja nicht mit dem Zug zu fahren.   implored

„Ich kann Ihnen alles erklären", schrie er, „Sie kommen um 14
Uhr 27 an Hägendorf vorbei, ich weiß es genau, und Sie werden es
sehen, Sie verbrauchen Ihr Geld für nichts, im Fahrplan steht
alles."

70   Bereits versuchte er die Leute zu verprügeln.

„Wer nicht hören will, muß fühlen",[6] rief er.

Da blieb dem Bahnhofsvorstand nichts anderes übrig, als dem
Mann zu sagen, daß er ihm den Bahnhof verbieten müsse, wenn er
sich nicht anständig aufführe.° Und der Mann erschrak, weil er   **sich** ... didn't behave
75   ohne Bahnhof nicht leben konnte, und er sagte kein Wort mehr,   decently
saß den ganzen Tag auf der Bank, sah die Züge ankommen und die
Züge wegfahren, und nur hie und da° flüsterte er einige Zahlen vor   **hie** ... now and then
sich hin,° und er schaute den Leuten nach und konnte sie nicht   **vor** ... to himself
begreifen.

80   Hier wäre die Geschichte eigentlich zu Ende.

Aber viele Jahr später wurde im Bahnhof ein Auskunftsbüro
eröffnet. Dort saß ein Beamter in Uniform hinter dem Schalter,
und er wußte auf alle Fragen über die Bahn eine Antwort. Das
glaubte der Mann mit dem Gedächtnis nicht, und er ging jeden Tag
85   ins neue Auskunftsbüro und fragte etwas sehr Kompliziertes, um
den Beamten zu prüfen.

Er fragte: „Welche Zugnummer hat der Zug, der um 16 Uhr 24
an den Sonntagen im Sommer in Lübeck[7] ankommt?"

Der Beamte schlug ein Buch auf und nannte die Zahl.

90   Er fragte: „Wann bin ich in Moskau, wenn ich hier mit dem
Zug um 6 Uhr 59 abfahre?", und der Beamte sagte es ihm.

Da ging der Mann mit dem Gedächtnis nach Hause, verbrannte seine Fahrpläne und vergaß alles, was er wußte.

---

[6] (*proverb*) **Wer** ... Pay attention or pay the consequences.
[7] city in northern Germany near the Baltic Sea

Am andern Tag aber fragte er den Beamten: „Wie viele Stufen
hat die Treppe vor dem Bahnhof?" und der Beamte sagte: „Ich
weiß es nicht."

Jetzt rannte der Mann durch den ganzen Bahnhof, machte
Luftsprünge vor Freude und rief: „Er weiß es nicht, er weiß es
nicht."

Und er ging hin und zählte die Stufen der Bahnhoftreppe und
prägte sich die Zahl in sein Gedächtnis ein,° in dem jetzt keine
Abfahrtszeiten mehr waren.

Dann sah man ihn nie mehr im Bahnhof.

Er ging jetzt in der Stadt von Haus zu Haus und zählte die
Treppenstufen und merkte sie sich, und er wußte jetzt Zahlen, die
in keinem Buch der Welt stehen.

Als er aber die Zahl der Treppenstufen in der ganzen Stadt
kannte, kam er auf den Bahnhof, ging an den Bahnschalter, kaufte
sich eine Fahrkarte und stieg zum ersten Mal in seinem Leben in
einen Zug, um in eine andere Stadt zu fahren und auch dort die
Treppenstufen zu zählen und dann weiter zu fahren, um die Treppenstufen in der ganzen Welt zu zählen, um etwas zu wissen, was
niemand weiß und was kein Beamter in Büchern nachlesen kann.

prägte . . . impressed . . . on
his memory

FRAGEN ZUM LESESTÜCK

1. Wo verbrachte der Mann die meiste Zeit?
2. Warum war er so oft dort?
3. Welche Einzelheiten wußte der Mann von jedem Zug?
4. Welche anderen Interessen hatte er?
5. Warum blieb er einige Wochen im Mai und im Oktober zu Hause?
6. Warum wollten sich die Leute nicht alles von ihm anhören?
7. Wie reagierte der Mann, wenn die Leute weitergingen, bevor er ihnen
   alles erzählt hatte?
8. Warum fuhr er selbst nie mit dem Zug?
9. Warum beschimpfte er die Leute auf dem Bahnhof?
10. Wie reagierten die Leute, wenn der Mann schimpfte?
11. Was tat er einigen Leuten an?
12. Was sagte der Bahnhofsvorstand zu dem Mann? Warum?
13. Wie reagierte der Mann?
14. Was wurde später im Bahnhof eröffnet?

15. Warum fragte der Mann den Beamten im neuen Auskunftsbüro etwas Kompliziertes?

16. Warum verbrannte der Mann alle seine Fahrpläne?

17. Warum freute er sich, als der Beamte ihm einmal nicht antworten konnte?

18. Was lernte der Mann jetzt auswendig?

19. Warum fuhr der Mann eines Tages doch mit einem Zug?

20. Was tat der Mann am Ende der Geschichte?   .

PERSÖNLICHE FRAGEN

1. Ist alles, was Sie lernen, nützlich? Muß alles nützlich sein? Woher kann man wissen, was nützlich und brauchbar ist?

2. Wie reagieren Sie, wenn andere Leute Sie nicht anhören wollen?

3. Wie reagieren Sie, wenn Sie von einem eigenartigen Menschen angesprochen werden? Lachen Sie? Versuchen Sie schnell wegzugehen? Sprechen Sie trotzdem mit dieser Person?

4. Stellen Sie sich vor, dieser Mann wohnt neben Ihnen. Was denken Sie von ihm? Haben Sie etwas Angst vor ihm, oder finden Sie ihn ganz harmlos?

5. Haben Sie irgendwann einmal eine fixe Idee gehabt? Was für eine? Wie hat sich Ihr Benehmen geändert?

ANREGUNGEN ZUM GESPRÄCH

1. Ist der „Mann mit dem Gedächtnis" verrückt oder nicht? Warum?

2. Ist es gefährlich, wenn man sich einer Idee total hingibt? Kann es auch gut sein? Geben Sie Beispiele, die Ihre Meinung rechtfertigen. (Einige Möglichkeiten sind: Jesus, Napoleon, Hitler, Gandhi, Martin Luther King, usw.)

3. Hat es einen Zweck, etwas zu wissen, wenn das Wissen total sinnlos oder sogar blöde ist? Was ist Ihrer Meinung nach unsinnig? Warum?

ZUSAMMENFASSUNG

Schreiben Sie eine Zusammenfassung der Geschichte im Imperfekt mit etwa 50 bis 100 Wörtern. Benutzen Sie die folgenden Stichwörter:

1. Fahrplan / auswendig lernen

2. Änderungen / sich merken

3. Trittbrett / Leute / reißen

4. Mann / verprügeln / Leute

5. Bahnhofsvorstand / verbieten / Bahnhof

6. Auskunftsbüro / besuchen

7. Beamte / prüfen

8. Stufe / Treppe / zählen / der Bahnhof

9. Zahl / sich merken / Treppe

10. Mann / wissen // niemand / wissen

NACHERZÄHLUNG

Verwenden Sie die Bilder und die aktiven Vokabeln, um die Geschichte mündlich wiederzuerzählen.

INTERPRETATION

1. Analysieren Sie den Charakter des Mannes. Warum will er etwas wissen, was kein anderer weiß? Was ist eine mögliche Erklärung für diese Besessenheit?

2. Inwiefern ist diese Geschichte realistisch? Inwiefern ist sie absurd?

3. Was will Peter Bichsel mit dieser Erzählung sagen?

Kapitel 8

Anekdote zur Senkung der Arbeitsmoral

Heinrich Böll (1917–1985)

Heinrich Böll, born in Cologne in 1917, grew up in a strict Catholic family of pacifists. However, he had just begun his university studies when he was drafted into military service in World War II. He was wounded four times during his tour of duty and spent five months in an American prisoner-of-war camp. After the war he continued his studies of German literature and began to publish short stories and radio plays. His first collection of short stories, Der Zug war pünktlich, *appeared in 1949. Just two years later his first novel,* Wo warst du, Adam?, *was published, and after two more years a second novel,* Und sagte kein einziges Wort, *followed. Böll also wrote a number of short stories and radio plays that were published in the 1960s. Other noteworthy novels are* Ansichten eines Clowns *(1963),* Gruppenbild mit Dame *(1971), and* Die verlorene Ehre der Katharina Blum *(1974).*

In his writings, Böll dealt not only with the past, but also with the problems of contemporary well-to-do society. His early works, which are strongly anti-war, are based on historical documentation as well as personal experience. Several of Böll's writings of the 1970s have been sharply criticized because of his support of and his sympathy toward some terrorists. Germany's postwar facades, bureaucracy, institutionalized religion, fear of war, and poverty are all themes of Böll's later novels. Satire is the main weapon he used to attack people and institutions.

In 1972 Böll received the Nobel Prize for Literature. As president of PEN, he championed intellectual freedom, especially for suppressed writers throughout the world.

The selection presented here, "Anekdote zur Senkung der Arbeitsmoral," is taken from Erzählungen 1950–1970. *In it Böll clearly defines the difference in attitude toward work between a capitalistic society and a traditional socialistic society, represented respectively by a tourist and a fisherman.*

A K T I V E R ▼ W O R T S C H A T Z

SUBSTANTIVE

die Angelegenheit, -en   affair, business
*der Ausdruck, ¨e   expression
die Begeisterung (*no pl.*)   enthusiasm, inspiration
der Fang (*no pl.*)   catch
das Feuerzeug, -e   lighter
die Gelegenheit, -en   opportunity
*das Geräusch, -e   noise
die Höflichkeit (*no pl.*)   politeness, courtesy
der Hubschrauber, -   helicopter
die Kümmernis, -se   concerns, worries
der Kutter, -   large fishing vessel
die Landessprache, -n   native language
das Mitleid (*no pl.*)   pity, compassion
die Mütze, -en   cap
der Neid (*no pl.*)   envy
der Rand, ¨er   edge
die Schachtel, -n   box, pack
die Trauer (*no pl.*)   grief, sorrow
die Verlegenheit (*no pl.*)   embarrassment

VERBEN

angeln (nach)   to fish; to grope (for)
auf•tauen   to thaw; to become talkative, sociable
*(sich) beruhigen   to calm (down)
dösen   to doze
erleichtern   to relieve
erwerben (i), a, o   to gain, acquire
nagen (an + *dat.*)   to worry (about), gnaw (at)
rühren   to stir, move
überbrücken   to bridge, smooth over
unterdrücken   to suppress

ANDERE WÖRTER UND AUSDRÜCKE

besorgt   concerned
eifrig   eager(ly), zealous(ly)
*gewiß   sure(ly), certain(ly)
günstig   favorable
mit dem Kopf nicken   to nod one's head
den Kopf schütteln   to shake one's head
munter   lively, cheerful
schläfrig   sleepy
verlustig   deprived

W O R T S C H A T Z A N W E N D U N G E N

A. Ergänzen Sie die Sätze mit einem passenden Wort bzw. passenden Wörtern aus dem aktiven Wortschatz. Verwenden Sie einen (un)bestimmten Artikel, wo es nötig ist.

1. Er spricht mit _____ über seinen Deutschlandbesuch, denn der hatte ihm sehr gefallen.

2. Der Mann versucht einen großen Fisch zu _____.

3. Wissen Sie, was _____ _____ von Liechtenstein ist?

4. Der Pilot flog mit _____ _____ herum, um die Leute zu retten.

5. Das Mädchen gebrauchte einen komischen _____ in dem Aufsatz.

6. Das warme Wetter heute ist _____ zum Schwimmen.

7. Das schlechte Gewissen _____ an der Frau.

8. Man kann an der Universität viele verschiedene Kenntnisse _____.

9. Sorgen Sie sich nicht um meine _____, denn Sie können mir nicht helfen.

10. Auf dem Sofa kann man gut _____, denn es ist so bequem wie ein Bett.

11. Auf einer Party _____ die Gäste meistens schnell _____.

12. Der Student kam in _____, weil er zu spät in die Vorlesung kam.

13. _____ _____ Studentin konnte ihre Begeisterung für die Deutschstunde kaum unterdrücken.

14. Man kriegt Angst, wenn man plötzlich während der Nacht ein lautes _____ hört.

15. Als der Gast eine Zigarette rauchen wollte, bot der Kellner ihm sein _____ an.

B. In „Anekdote zur Senkung der Arbeitsmoral" gibt es viele Komposita. Unten sehen Sie Substantive aus dieser und anderen Geschichten, die Sie gelesen haben. Stellen Sie Ihre eigenen Komposita zusammen: setzen Sie die Wörter in Liste A mit passenden Wörtern aus Liste B zusammen. Gebrauchen Sie jedes der neuen Komposita in einem Satz. Viele Wörter können mindestens zweimal gebraucht werden.

A	B
Fisch(er)	Karte
Stadt	Sprache
Boot(s)	Freude
Fahr-	Schrank
Feuer	Ausdruck
Müll	Rand
Puppe(n)	Plan
Gesicht(s)	Restaurant
Speise	Eimer
Foto	Haus
Urlaub(s)	Wagen
Zeichen	Mütze
	Apparat
	Zeug

Anregung zum Lesen

Sehen Sie sich die Zeichnungen an, und beantworten Sie die folgenden Fragen mündlich.

1. Was tut der Mann im ersten Bild?

2. Glauben Sie, daß der Mann reich oder arm ist? Glücklich oder unglücklich? Warum?

3. Wo ist der andere Mann im zweiten Bild? Was ist er?

4. Warum will er alles fotografieren?

5. Wie kann man alles bekommen, was man im dritten Bild sieht?

6. Warum wollen manche Leute viele Dinge besitzen?

7. Was muß man manchmal aufgeben, um reich zu werden? (Denken Sie wieder an das erste Bild.)

Hauptideen

Überfliegen Sie die folgende Geschichte, und beantworten Sie die Fragen mündlich.

1. Wie ist die Szene am Anfang der Geschichte?

2. Warum ist die Konversation des Touristen ganz einseitig?

3. Warum will der Fischer an diesem Tag nicht noch einmal hinausfahren?

4. Welchen Rat gibt der Tourist dem Fischer? Was wäre das Resultat gewesen?

5. Warum hätte dies *nicht* das Leben des Fischers geändert?

6. Wie reagiert der Tourist auf die letzte Bemerkung des Fischers?

Anekdote zur
Senkung der Arbeitsmoral [1]

In einem Hafen an der westlichen Küste Europas liegt ein ärmlich gekleideter° Mann in seinem Fischerboot und döst. Ein schick angezogener Tourist legt eben einen neuen Farbfilm in seinen Fotoapparat, um das idyllische Bild zu fotografieren: blauer Himmel, grüne See mit friedlichen schneeweissen Wellenkämmen,° schwarzes Boot, rote Fischermütze. Klick. Noch einmal: klick, und da aller guten Dinge drei sind, und sicher sicher ist, ein drittes Mal: klick. Das spröde,° fast feindselige° Geräusch weckt den dösenden Fischer, der sich schläfrig aufrichtet, schläfrig nach seiner Zigarettenschachtel angelt, aber bevor er das Gesuchte gefunden hat, hat ihm der eifrige Tourist schon eine Schachtel vor die Nase gehalten, ihm die Zigarette nicht gerade in den Mund gesteckt, aber in die Hand gelegt, und ein viertes Klick, das des Feuerzeuges, schließt die eilfertige Höflichkeit ab.° Durch jenes kaum meßbare, nie nachweisbare Zuviel an flinker Höflichkeit ist eine gereizte Verlegenheit entstanden,[2] die der Tourist—der Landessprache mächtig°—durch ein Gespräch zu überbrücken versucht.

„Sie werden heute einen guten Fang machen." Kopfschütteln des Fischers.

„Aber man hat mir gesagt, daß das Wetter günstig ist."
Kopfnicken des Fischers.

„Sie werden also nicht ausfahren?"
Kopfschütteln des Fischers, steigende Nervosität des Touristen.

°shabbily dressed

°crests of waves

°brittle / °hostile

schließt . . . concludes the hasty . . .

der . . . conversant with . . .

---

[1] **Senkung** . . . decline of the work ethic
[2] **Durch** . . . through this unprovable, scarcely measureable excess of quick politeness an irritated embarrassment arose

Gewiß liegt ihm das Wohl° des ärmlich gekleideten Menschen am Herzen,° nagt an ihm die Trauer über die verpaßte Gelegenheit.

 "Oh, Sie fühlen sich nicht wohl?" Endlich geht der Fischer von
30 der Zeichensprache zum wahrhaft° gesprochenen Wort über. "Ich fühle mich großartig", sagte er. "Ich habe mich nie besser gefühlt." Er steht auf, reckt sich,° als wollte er demonstrieren, wie athletisch er gebaut ist. "Ich fühle mich phantastisch!"

 Der Gesichtsausdruck des Touristen wird immer unglück-
35 licher, er kann die Frage nicht mehr unterdrücken, die ihm sozusagen das Herz zu sprengen° droht: "Aber warum fahren Sie dann nicht aus?"

 Die Antwort kommt prompt und knapp. "Weil ich heute morgen schon ausgefahren bin."

40 "War der Fang gut?"

 "Er war so gut, daß ich nicht noch einmal auszufahren brauche, ich habe vier Hummer° in meinen Körben gehabt, fast zwei Dutzend Makrelen gefangen. . ."

 Der Fischer, endlich erwacht, taut jetzt auf und klopft dem
45 Touristen beruhigend auf die Schultern. Dessen besorgter Gesichtsausdruck erscheint ihm als ein Ausdruck zwar unangebrachter,° doch rührender Kümmernis.

 "Ich habe sogar für morgen und übermorgen genug", sagt er, um des Fremden Seele zu erleichtern. "Rauchen Sie eine von
50 meinen?"

 "Ja, danke."

 Zigaretten werden in Münder gesteckt, ein fünftes Klick, der Fremde setzt sich kopfschüttelnd auf den Bootsrand, legt die Kamera aus der Hand, denn er braucht jetzt beide Hände, um
55 seiner Rede Nachdruck zu verleihen.°

 "Ich will mich ja nicht in Ihre persönlichen Angelegenheiten mischen",° sagt er, "aber stellen Sie sich mal vor, Sie führen heute ein zweites, ein drittes, vielleicht sogar ein viertes Mal aus° und Sie würden drei, vier, fünf, vielleicht gar zehn Dutzend Makrelen fan-
60 gen . . . stellen Sie sich das mal vor."

 Der Fischer nickt.

 "Sie würden", fährt der Tourist fort, "nicht nur heute, sondern morgen, übermorgen, ja, an jedem günstigen Tag zwei-, dreimal, vielleicht viermal ausfahren—wissen Sie, was geschehen würde?"

65 Der Fischer schüttelt den Kopf.

---

well-being

liegt . . . (he) takes to heart

truly

reckt . . . stretches

zu . . . to burst

lobster

inappropriate

Nachdruck . . . to put emphasis on

mich . . . interfere

führen . . . would go out (*subjunctive*)

„Sie würden sich in spätestens einem Jahr einen Motor kaufen können, in zwei Jahren ein zweites Boot, in drei oder vier Jahren könnten Sie vielleicht einen kleinen Kutter haben, mit zwei Booten oder dem Kutter würden Sie natürlich viel mehr fangen—eines

70 Tages würden Sie zwei Kutter haben, Sie würden . . .", die Begeisterung verschlägt° ihm für ein paar Augenblicke die Stimme, „Sie würden ein kleines Kühlhaus bauen, vielleicht eine Räucherei,° später eine Marinadenfabrik, mit einem eigenen Hubschrauber rundfliegen, die Fischschwärme° ausmachen und Ihren Kuttern

75 per Funk Anweisung geben.° Sie könnten die Lachsrechte° erwerben, ein Fischrestaurant eröffnen, den Hummer ohne Zwischenhändler° direkt nach Paris exportieren—und dann . . . ", wieder verschlägt die Begeisterung dem Fremden die Sprache. Kopfschüttelnd, im tiefsten Herzen betrübt,° seiner Urlaubsfreude schon fast

80 verlustig, blickt er auf die friedlich hereinrollende Flut,° in der die ungefangenen Fische munter springen.

„Und dann", sagt er, aber wieder verschlägt ihm die Erregung° die Sprache. Der Fischer klopft ihm auf den Rücken, wie einem Kind, das sich verschluckt° hat. „Was dann?" fragte er leise.

85 „Dann", sagt der Fremde mit stiller Begeisterung, „dann könnten Sie beruhigt hier am Hafen sitzen, in der Sonne dösen—und auf das herrliche Meer blicken."

„Aber das tu ich ja schon jetzt", sagt der Fischer, „ich sitze beruhigt am Hafen und döse, nur Ihr Klicken hat mich dabei

90 gestört."

Tatsächlich zog der solcherlei belehrte Tourist nachdenklich von dannen,[3] denn früher hatte er auch einmal geglaubt, er arbeite, um eines Tages einmal nicht mehr arbeiten zu müssen, und es blieb keine Spur von Mitleid mit dem ärmlich gekleideten Fischer in ihm

95 zurück, nur ein wenig Neid.

takes away

smokehouse

schools of fish

per . . . give directions by radio / right to catch salmon

middleman

saddened

die . . . the tide rolling in peacefully

excitement

choked

FRAGEN ZUM LESESTÜCK

1. Wo spielt sich diese Geschichte ab?

2. Warum kommt der Tourist zum Hafen?

3. Wie sieht der Fischer aus?

---

[3] **Tatsächlich** . . . Indeed, instructed in such a manner, the tourist moved pensively away

4. Wie sieht der Tourist aus?

5. Warum macht der Tourist drei Fotos?

6. Warum erwacht der Fischer von seinem friedlichen Dösen?

7. Warum bietet der Tourist dem Fischer eine Zigarette an?

8. Wie beginnt das Gespräch der Beiden?

9. Wie ist das Wetter an diesem Tag?

10. Warum steigert sich die Nervosität des Touristen?

11. Warum wird der Tourist immer unglücklicher?

12. Wie war der Fang des Fischers am frühen Morgen?

13. Was ist die Reaktion des Fischers auf die Besorgtheit des Touristen?

14. Was könnte der Fischer in einem Jahr kaufen, wenn er öfter am Tag hinausfahren würde?

15. Was verliert der Tourist in seiner Aufregung?

16. Wie stellt sich der Tourist eine ideale, erfolgreiche Zukunft für den Fischer vor?

17. Warum begeistert sich der Tourist so?

18. Was tut der Fischer, um den Touristen zu beruhigen?

19. Wenn der Fischer alles hätte, was könnte er dann tun?

20. Hat der Tourist nach dem Gespräch immer noch Mitleid für den ärmlich gekleideten Fischer? Warum oder warum nicht?

PERSÖNLICHE FRAGEN

1. Arbeiten Sie im Sommer? Warum oder warum nicht?

2. Geben Sie Fremden manchmal einen Rat? Wie reagieren Sie, wenn ein Fremder Ihnen einen Rat gibt?

3. Würden Sie versuchen, den Fischer zu überreden, noch einmal hinauszufahren? Wenn ja, was würden Sie ihm sagen? Wenn nein, warum nicht?

4. Möchten Sie lieber der Fischer oder der Tourist sein? Warum?

5. Wollen Sie eines Tages reich sein? Warum (nicht)?

6. Wie stellen Sie sich Ihre Zukunft vor?

ANREGUNGEN ZUM GESPRÄCH

1. Hat der Tourist sich vernünftig verhalten?

2. Welche Arbeitsmoral finden Sie besser, die des Fischers oder die des Touristen? Warum?

3. Wenn der Tourist wieder zu Hause ist, wird er seinen Lebensstil ändern? Warum oder warum nicht?

4. Mit welchem von den drei Bildern in diesem Kapitel haben Sie sich zuerst identifiziert? Haben Sie Ihre Meinung geändert, nachdem Sie die Geschichte gelesen haben?

ZUSAMMENFASSUNG

Schreiben Sie eine Zusammenfassung der Geschichte im Imperfekt mit etwa 100 bis 150 Wörtern. Benutzen Sie die folgenden Stichwörter:

1. Hafen / Europa / Fischer / dösen

2. schick / angezogen / Tourist / fotografieren / Szene

3. Tourist / wecken / Fischer / mit / Geräusch / Kamera

4. Tourist / geben / Zigarette / Fischer

5. Tourist / versuchen / Verlegenheit / zu überbrücken

6. Fischer / nicht / wieder hinausfahren // weil / er / schon / haben / gut- / Fang

7. Trauer / verpassen / Gelegenheit / nagen an / Tourist

8. Tourist / erzählen / Fischer / Kutter / Hubschrauber / Marinadenfabrik / usw.

9. Tourist / verlieren / Stimme / vor Begeisterung

10. Fischer / sein / zufrieden // weil / er / schon / haben // was / er / wollen

11. Tourist / haben / kein- / Mitleid / mit / Fischer // sondern / nur / wenig / Neid

NACHERZÄHLUNG

Verwenden Sie die Bilder und die aktiven Vokabeln, um die Geschichte mündlich wiederzuerzählen. *Oder* erzählen Sie die Geschichte vom Standpunkt des Fischers aus.

INTERPRETATION

1. Wann wollen manche Menschen andere belehren?

2. Wieso wollen einige Menschen, oder sogar ganze Völker, weniger arbeiten? Warum wollen andere mehr arbeiten?

3. Warum arbeiten die Leute in Industrienationen härter?

4. Was sehen Europäer für wichtiger als Arbeit an? Sind Amerikaner derselben Meinung, oder ist Arbeit für sie wichtiger als für Europäer?

5. Warum werden manche Menschen beneidet? Werden Sie mit Recht oder Unrecht beneidet?

Kapitel 9

Wo kommen die Löcher im Käse her—?

Kurt Tucholsky (1890–1935)

Kurt Tucholsky, writing under various pseudonymns, displayed his talent in the arena of political satire. He attacked generals who played with lives of human soldiers as though they were toys and judges who used a double standard. The principle aim of his writing was to state the "innere Wahrhaftigkeit" (inner truth). On the surface, Tucholsky's humorous comedies give us insight into the life and character of the average citizen, whose axiom seems to be: "Do what I say, but not what I do." This motif appears in the short story presented here, "Wo kommen die Löcher im Käse her—?" On a deeper level, this story contains some universal truths. In addition, it presents an example of Tucholosky's success in using the Berlin dialect in literature. Some critics feel that Tucholsky is one of the most underrated writers of this century.

Kurt Tucholsky was born in Berlin in 1890. He studied law in Berlin, Geneva, and Jena. In 1911 he became a journalist for the social democratic magazine Vorwärts. *His first collection of short stories,* Rheinsberg, ein Bilderbuch für Verliebte, *was published in 1912. From 1913 to 1932 he was the most prolific contributor to the periodical called* Weltbühne; *after 1926 he became its publisher. He had also worked as a journalist during World War I, establishing a newspaper for soldiers; shortly afterwards he published a volume of poetry,* Fromme Gesänge *(1919), and a collection of fairy tales,* Träumereien an preußischen Kaminen *(1920). These two publications, written under the pseudonyms of Theobald Tiger and Peter Panter, are typical of his dozen or so featured articles and political satires. He was a correspondent in Paris from 1924 to 1928 and in Sweden from 1928 to 1935. In 1933 his books were burned in Germany; Tucholsky suffered such despair over the political situation in his homeland that, in 1935, he committed suicide.*

A fighter for human rights, Tucholsky is one of the most widely read authors of the Weimar Republic era. His works have been collected in eight volumes.

A K T I V E R ▼ W O R T S C H A T Z

SUBSTANTIVE

das Abonnement, -s subscription, season ticket
der Blödsinn (*no pl.*) nonsense, idiocy
der Eintritt, -e entry, entrance
***die Feuchtigkeit** (*no pl.*) moisture, dampness
das Gelächter, - laughter
der Held, -en, -en / die Heldin, -nen hero / heroine
der Käse, - cheese
die Klingel, -n bell
der Rechtsanwalt, ¨e / die Rechtsanwältin, -nen lawyer
der Schaukelstuhl, ¨e rocking chair
der Schauplatz, ¨e scene of events
die Schwelle, -n threshold (of a house)
die Vorschrift, -en regulation, order

VERBEN

an•klagen to accuse
aus•dehnen to spread out, expand, extend
beleidigen to hurt someone's feelings, insult
betragen (ä), u, a to behave

brüllen to cry, scream, yell
entscheiden, ie, ie to decide
entstehen, entstand, entstanden (*with* **sein**) to arise
***erklären** to explain
fertig•werden (i), u, o (*with* **sein**) **(mit etwas / jemandem)** to manage (something / someone)
her•stellen to produce, manufacture
platzen to burst
(sich) streiten, stritt, gestritten to argue
***schweigen, ie, ie** to be quiet
unterscheiden, ie, ie to distinguish
widersprechen (i), a, o, to contradict

ANDERE WÖRTER UND AUSDRÜCKE

ausgerechnet just, exactly, it would have to be. . .
deswegen because of that
ewig eternal, perpetual
größtenteils mostly, for the most part
***schließlich** finally
sogenannt so-called
ungezogen naughty, disobedient

WORTSCHATZANWENDUNGEN

A. Ergänzen Sie die Sätze mit einem passenden Wort bzw. passenden Wörtern aus dem aktiven Wortschatz. Verwenden Sie einen (un)bestimmten Artikel, wo es nötig ist.

1. Was kostet _____ _____ ins Museum?

2. Er machte sich über Frauen lustig und _____ damit seine Freundin.

3. Der kleine Junge weinte, als sein schöner Luftballon _____.

4. Wie _____ man mit solchen großen Problemen _____?

5. Der Lehrer wird die Aufgabe noch einmal _____, wenn die Studenten sie nicht verstehen.

6. Sie bestellte _____ _____, so daß sie Karten für jede Vorstellung hatte.

7. Wenn Leute miteinander streiten, kann man sie oft _____ hören.

8. Er wurde als _____ angesehen, denn er hatte das Kind vor dem Ertrinken gerettet.

9. Wenn Menschen zusammenkommen und sehr froh sind, hört man oft
_____.

10. Die Schweizer und Holländer sind überall auf der Welt für ihren guten
_____ bekannt.

11. Die Frau mußte mit _____ _____ wegen eines Autounfalls
sprechen.

12. Sogar Freunde und Verwandte _____ _____ manchmal über
unwichtige Dinge.

**B. Unten sehen Sie eine Liste von Verben aus diesem oder aus früheren
Kapiteln, die alle mit dem Sprechen zu tun haben. Es gibt auch neun
Sätze, zu denen diese Verben passen könnten. Ergänzen Sie jeden
Satz zweimal, mit zwei verschiedenen Verben. Dann vergleichen Sie
Ihre Sätze mit denen von anderen Studenten / Studentinnen.**

ablehnen	brummen	mitteilen
anbieten	einen ruhigen	plaudern
anklagen	Ton anschlagen	schimpfen
ankündigen	erklären	schweigen
auslachen	flüstern	seufzen
sich bedanken	fortfahren	sich streiten
beleidigen	heulen	verlangen
brüllen	lügen	widersprechen

1. Als das kleine Kind zu Bett gehen mußte, hat es sehr laut _____.

2. „Ich liebe dich auch", _____ das Mädchen.

3. Als die Mutter erfahren hat, daß ihr Sohn ein sehr schlechtes Zeugnis
bekommen hat, _____ sie.

4. Der Kerl war unanständig, denn er hatte sehr laut im Restaurant
_____.

5. Am ersten Schultag hatte das Mädchen Angst, die anderen Kinder würden es _____.

6. „Ich habe Sie angehalten, weil Sie zu schnell gefahren sind", hat der
Polizist _____.

7. Auf einer Beerdigung _____ die Leute.

8. Wenn die Schüler die Antwort nicht wissen, _____ sie gewöhnlich.

Anregung zum **L**esen

Sehen Sie sich die Zeichnungen an, und beantworten Sie die folgenden Fragen mündlich.

1. Wer sind die Personen im ersten Bild? Was tun sie? Wie alt sind die Kinder?

2. Was fragt der Junge wohl? (Wenn Ihnen nichts einfällt, denken Sie an den Titel!)

3. Wen sieht man im zweiten Bild? Was tun die Leute?

4. Wie sehen die Leute aus (glücklich, böse, usw.)? Warum?

5. Was macht der Junge im dritten Bild? Warum? Was bedeutet diese Geste gewöhnlich?

Hauptideen

Überfliegen Sie die folgende Geschichte, und beantworten Sie die Fragen mündlich.

1. Warum haben die Kinder das Abendessen immer vorher bekommen, wenn es Gesellschaft gab?

2. Warum hat der Junge immer wieder die gleiche Frage gestellt?

3. Wie hat der Vater die Frage des Jungen beantwortet?

4. Was ist passiert, als die Gäste angekommen sind?

5. Warum ist die ganze Gesellschaft in die Bibliothek gelaufen?

6. Wie hat der Abend geendet?

7. Bekommt der Junge am Ende der Geschichte eine Antwort auf seine Frage?

Wo kommen die
Löcher im Käse her—?

Wenn abends wirklich einmal Gesellschaft ist, bekommen die Kinder vorher zu essen. Kinder brauchen nicht alles zu hören, was Erwachsene sprechen, und es schickt sich° auch nicht, und billiger ist es auch. Es gibt belegte Brote;° Mama nascht ein bißchen mit,° Papa ist noch nicht da.

„Mama, Sonja hat gesagt, sie kann schon rauchen—sie kann doch noch gar nicht rauchen!"—„Du sollst bei Tisch nicht reden."—„Mama, guck mal die Löcher in dem Käse!"—Zwei Kinderstimmen, gleichzeitig: „Tobby ist aber dumm! Im Käse sind doch immer Löcher!" Eine weinerliche Jungenstimme: *Na ja, aber warum? Mama! Wo kommen die Löcher im Käse her?"*—„Du sollst bei Tisch nicht reden!"—„Ich möcht' aber doch wissen, wo die Löcher im Käse herkommen!"—Pause. Mama: „Die Löcher . . . also, ein Käse hat immer Löcher, da haben die Mädchen ganz recht! . . . ein Käse hat eben immer Löcher."—„Mama! Aber dieser Käse hier hat doch keine Löcher! Warum hat der keine Löcher? Warum hat der Löcher?"—„Jetzt schweig und iß. Ich hab dir schon hundertmal gesagt, du sollst bei Tisch nicht reden! Iß!"— „Bwww—! Ich möcht' aber wissen, wo die Löcher im Käse . . . aua, schubs° doch nicht immer . . . !" Geschrei.° Eintritt Papa.°

„Was ist denn hier los? Gun Ahmt!"°—„Ach, der Junge ist wieder ungezogen!"—„Ich bin gah nich° ungezogen. Ich will nur wissen, wo die Löcher im Käse herkommen. Der Käse da hat Löcher, und der hat keine—!" Papa: „Na, deswegen brauchst du doch nicht so zu brüllen! Mama wird dir das erklären!"—Mama: „Jetzt gibst du dem Jungen noch recht!° Bei Tisch hat er zu essen und nicht zu reden."—Papa: „Wenn ein Kind was fragt, kann man

is fitting or proper

belegte . . . open-faced sandwiches / nascht . . . snacks

shove, push / screaming / **Papas Eintritt** (*Berlin dialect*) **Guten Abend!**
gah . . . = **gar nicht**

gibst . . . are siding with . . .

---

[1](*French*) **Toujours** . . . Always in front of the children!

ihm das schließlich erklären! Finde ich."—Mama: „Toujours en
presence des enfants!¹ Wenn ich es für richtig finde, ihm das zu
30 erklären, werde ich ihm das schon erklären. Nu° iß!"—„Papa, wo   **Nu = nun**
doch aber die Löcher im Käse herkommen, möcht' ich doch aber
wissen!"—Papa: „Also, die Löcher im Käse, das ist bei der Fabrikation; Käse macht man aus Butter und aus Milch, da wird er
gegoren,° und da wird er feucht; in der Schweiz machen sie das   fermented
35 sehr schön—wenn du groß bist, darfst du auch mal mit in die
Schweiz, da sind so hohe Berge, da liegt ewiger Schnee darauf—
das ist schön, was?"—„Ja. Aber Papa, wo kommen denn die
Löcher im Käse her?"—„Ich hab's dir doch eben erklärt; die kommen, wenn man ihn herstellt, wenn man ihn macht."—„Ja, aber . . .
40 wie kommen denn die da rein, die Löcher?"—„Junge, jetzt löcher°   *here:* don't bother me
mich nicht mit deinen Löchern und geh zu Bett! Marsch! Es ist
spät!"—„Nein! Papa! Noch nicht! Erklär mir doch erst, wie die
Löcher im Käse . . ." Bumm. Katzenkopf.° Ungeheuerliches   a boxing of the ears
Gebrüll. Klingel.

45   Onkel Adolf. „Guten Abend! Guten Abend, Margot—'n
Ahmt— na, wie geht's? Was machen die Kinder? Tobby, was
schreist du denn so?"—„Ich will wissen . . ."—„Sei still . . .!"—
„Er will wissen . . ."—„Also jetzt bring den Jungen ins Bett und
laß mich mit den Dummheiten° in Ruhe! Komm, Adolf, wir gehen   foolishness
50 solange ins Herrenzimmer; hier wird gedeckt"—Onkel Adolf:
„Gute Nacht! Gute Nacht! Alter Schreihals!° Nu hör' doch bloß   bawler, troublemaker
mal . . . ! Was hat er denn?"—„Margot wird mit ihm nicht fertig—
er will wissen, wo die Löcher im Käse herkommen, und sie hat's
ihm nicht erklärt."—„Hast du's ihm denn erklärt?"—„Natürlich
55 hab' ich's ihm erklärt."—„Danke, ich rauch' jetzt nicht—sage mal,
weißt *du* denn, wo die Löcher im Käse herkommen?"—„Na, das
ist aber eine komische Frage! Natürlich weiß ich, wo die Löcher
im Käse herkommen! Die entstehen bei der Fabrikation durch
Feuchtigkeit . . . das ist doch ganz einfach!"—„Na, mein Lieber
60 . . . da hast du dem Jungen aber ein schönes Zeugs° erklärt! Das ist   **ein** . . . a lot of nonsense
doch überhaupt keine Erklärung!"—„Na, nimm mir's nicht übel—
du bist aber komisch! Kannst du mir denn erklären, wo die Löcher
im Käse herkommen?"—„Gott sei Dank kann ich das."—„Also
bitte."

65   „Also, die Löcher im Käse entstehen durch das sogenannte
Kasein,° was in dem Käse drin ist."—„Das ist doch Quatsch."°—   casein (*a protein in cheese*) /
„Das ist kein Quatsch."—„Das ist wohl Quatsch; denn mit dem   nonsense
Kasein hat das überhaupt nichts zu . . . gun Ahmt, Martha, gun

Ahmt, Oskar . . . bitte, nehmt Platz. Wie gehts? . . . überhaupt
nichts zu tun!"

„Was° streitet ihr euch denn da rum?"—Papa: „Nu bitt' ich
dich um alles in der Welt; Oskar! du hast doch studiert und bist
Rechtsanwalt: haben die Löcher im Käse irgend etwas mit Kasein
zu tun?"—Oskar: „Nein. Die Käse im Löcher . . . ich wollte
sagen: die Löcher im Käse rühren° daher . . . also die kommen
daher, daß sich der Käse durch die Wärme bei der Gärung° zu
schnell ausdehnt." Hohngelächter° der plötzlich verbündeten reisi-
gen° Helden Papa und Onkel Adolf. „Haha! Hahaha! Na, das ist
eine ulkige° Erklärung! Der Käse dehnt sich aus! Hast du das
gehört? Haha . . . !"

Eintritt Onkel Siegismund, Tante Jenny, Dr. Guggenheimer
und Direktor Flackeland. Großes „Guten Abend! Guten
Abend!— . . . gehts? . . . unterhalten uns gerade . . . sogar riesig
komisch . . . ausgerechnet Löcher im Käse! . . . es wird gleich
gegessen . . . also bitte, dann erkläre du—!"

Onkel Siegismund: „Also—die Löcher im Käse kommen
daher, daß sich der Käse bei der Gärung vor Kälte zusammen-
zieht!"°—Anschwellendes Rhabarber,° Rumor, dann großer Aus-
bruch mit vollbesetztem Orchester:° „Haha! Vor Kälte! Hast du
schon mal kalten Käse gegessen? Gut, daß Sie keinen Käse
machen, Herr Apolant!° Vor Kälte! Hähä!"—Onkel Siegismund
beleidigt ab in die Ecke.°

Dr. Guggenheimer: „Bevor man diese Frage entscheiden kann,
müssen Sie mir erst mal sagen, um welchen Käse es sich überhaupt
handelt. Das kommt nämlich auf den Käse an!" Mama: „Um
Emmentaler!° Wir haben ihn gestern gekauft . . . Martha, ich kauf'
jetzt immer bei Danzel, mit Mischewski bin ich nicht mehr so
zufrieden, er hat uns neulich Rosinen° nach oben geschickt, die
waren ganz . . ." Dr. Guggenheimer: „Also, wenn es Emmentaler
war, dann ist die Sache ganz einfach. Emmentaler hat Löcher, weil
er ein Hartkäse ist. Alle Hartkäse haben Löcher."

Direktor Flackeland: „Meine Herren, da muß wohl wieder mal
ein Mann des praktischen Lebens kommen . . . die Herren sind ja
größtenteils Akademiker . . . " (Niemand widerspricht.) „Also, die
Löcher im Käse sind Zerfallsprodukte° beim Gärungsprozeß. Ja.
Der . . . der Käse zerfällt, eben . . . weil der Käse . . . " Alle Daumen sind nach unten gerichtet,° das Volk steht auf, der Sturm
bricht los. „Pö!° Das weiß ich auch! Mit chemischen Formeln ist

---

(dialect) **warum**

result
fermentation
loud and scornful laughter /
allied (and) moving
(slowly) on foot or horse
funny, odd

sich . . . contracts / rhubarb;
here: mumbling
großer . . . *here:* everyone
bursts out laughing
defender
(verb of motion is understood)

a Swiss cheese

raisins

products of decomposition

nach . . . pointed down
Bah!

die Sache nicht gemacht!" Eine hohe Stimme: „Habt ihr denn kein
110 Lexikon—?"

Sturm auf° die Bibliothek. Heyse, Schiller, Goethe, Bölsche, *here:* rush to
Thomas Mann, ein altes Poesiealbum—wo ist denn . . . richtig!

GROBKALK° BIS KERBTIERE° unrefined lime / insects

Kanzel,° Kapital, Kapitalertragssteuer,° Karbatsche,[2] Kar- pulpit / capital gains tax
115 tätsche,° Karwoche,° Käse—!„Laß mich mal! Geh mal weg! Par- (*Military*) case shot / Holy
don! Also: Week before Easter

„Die blasige Beschaffenheit° mancher Käsesorten rührt her **blasige** . . . bubbly
von einer Kohlensäureentwicklung° aus dem Zucker der einge- consistency
schlossenen Molke.'"°—Alle, unisono:° „Hast es. Was hab' ich development of carbonic acid
120 gesagt?" . . . „eingeschlossenen Molke und ist . . . " „wo geht denn whey / in unison
das weiter? Margot, hast du hier eine Seite aus dem Lexikon raus-
geschnitten? Na, das ist doch unerhört—wer war hier am Bücherschrank? Sind die Kinder . . .? Warum schließt du denn den
Bücherschrank nicht ab?"—„Warum schließt du den Bücher-
125 schrank nicht ab ist gut—hundertmal hab' ich dir gesagt, schließ'
du ihn ab—"—„Nu laßt doch mal: also, wie war das? Ihre Erklärung war falsch. Meine Erklärung war richtig."—„Sie haben
gesagt, der Käse kühlt sich ab!"—„*Sie* haben gesagt, der Käse kühlt
sich ab—ich hab' gesagt, daß sich der Käse erhitzt!"—„Na also,
130 dann haben Sie doch nichts von der kohlensauren Zuckermolke
gesagt, wie da drinsteht!"—„Was du gesagt hast, war überhaupt
Blödsinn."—„Was verstehst du von Käse! Du kannst ja nicht mal
Bolles Ziegenkäse° von einem alten Holländer unterscheiden!"— goat cheese
„Ich hab' vielleicht mehr alten Holländer in meinem Leben geges-
135 sen wie du!"—„Spuck' nicht, wenn du mit mir sprichst!" Nun
reden alle mit einemmal.

Man hört:

—„Betrag' dich gefälligst° anständig, wenn du bei mir zu Gast **Betrag'** . . . Kindly behave
bist!"—„saurige Beschaffenheit der Muckerzolke . . ."—„mir
140 überhaupt keine Vorschriften zu machen!" . . . „Bei Schweizer
Käse—ja! Bei Emmentaler Käse—nein! . . ."—„Du bist hier nicht
bei dir zu Hause! hier sind anständige Leute . . . Wo denn—? Das
nimmst du sofort zurück! Das nimmst du sofort zurück! Ich lasse
nicht in meinem Hause meine Gäste beleidigen—ich lasse in mei-
145 nem Hause meine Gäste nicht beleidigen! Du gehst mir sofort aus
dem Haus!"—„Ich bin froh, wenn ich 'raus° bin—deinen Fraß° = **heraus** / slop (food)
brauche ich nicht!"—„Du betrittst mir nicht mehr meine

---

[2]a Turkish whip made of braided leather strips

Schwelle!"—„Meine Herren, aber das ist doch . . .!"—„Sie halten
überhaupt den Mund—Sie gehören nicht zur Familie! . . ."—„Na,
150 das *hab'* ich noch nicht gefrühstückt!"—„Ich als Kaufmann . . .!"
—„Nu hören Sie doch mal zu: Wir hatten im Kriege einen Käse—"
—„Das war keine Versöhnung!° Es ist mir ganz egal, und wenn du   reconciliation
platzt: Ihr habt uns betrogen,° und wenn ich mal sterbe, betrittst   deceived
du mein Haus!"—„Erbschleicher!"°—„Hast du das—!"—„Und   legacy-hunter
155 ich sag' es ganz laut, damit es alle hören: Erbschleicher! So! Und
nu' geh' hin und verklag' mich!"—„Lümmel!° Ein ganz fauler   hooligan, lout
Lümmel, kein Wunder bei dem Vater!"—„Und deine? Wer ist
denn deine? Wo hast du denn deine Frau her?"—„Raus! Lümmel!"—„Wo ist mein Hut? In so einem Haus muß man ja auf seine
160 Sachen aufpassen!"—„Das wird noch ein juristisches Nachspiel°   consequences
haben. Lümmel! . . ."—„Sie mir auch—!"

  In der Türöffnung erscheint Emma, aus Gumbinnen,[3] und
spricht: „Jnädje Frau, es ist anjerichtet—!"[4]

  4 Privatbeleidigungsklagen.° 2 umgestoßene° Testamente. 1   libel actions in a civil court /
165 aufgelöster Soziusvertrag.[5] 3 gekündigte Hypotheken.° 3 Klagen   changed
um bewegliche Vermögensobjekte:° ein gemeinsames Thea-   cancelled mortgages
terabonnement, einen Schaukelstuhl, ein elektrisch heizbares   **bewegliche** . . . property
Bidet. 1 Räumungsklage° des Wirts.   suits (not real estate)
                                                                eviction suit
  Auf dem Schauplatz bleiben zurück ein trauriger Emmentaler
170 und ein kleiner Junge, der die dicken Arme zum Himmel hebt
und, den Kosmos anklagend, weithinhallend° ruft: „Mama! Wo   resoundingly
kommen die Löcher im Käse her—?"

FRAGEN ZUM LESESTÜCK

1. Wann bekommen die deutschen Kinder in dieser Geschichte ihr
   Abendessen, wenn am Abend Gesellschaft kommt?

2. Wer ißt ein bißchen mit, während die Kinder früher als sonst essen?

3. Welche Frage stellt der Junge seiner Mutter?

4. Was sollen die Kinder bei Tisch nicht tun?

5. Wie antwortet die Mutter auf die Frage des Jungen?

6. Was passiert, als der Vater eintritt?

7. Wie ist die Reaktion der Mutter auf die Antwort des Vaters?

---

[3]city in former East Prussia
[4](*Berlin dialect*) **Jnädje** . . . Madam, dinner is served.
[5]**aufgelöster** . . . dissolved partnership agreement

8. Was meint der Vater, woher die Löcher kommen?

9. Womit versucht der Vater den Jungen abzulenken?

10. Welchen Befehl gibt der Vater nun?

11. Was passiert dann, als der Junge nicht sofort ins Bett geht?

12. Wieso hat der Vater den Jungen gehauen?

13. Warum fragt der Vater Onkel Adolf, ob er weiß, wo die Löcher im Käse herkommen?

14. Welche Erklärung gibt Onkel Adolf für die Löcher im Käse?

15. Warum behaupten alle Gäste zu wissen, wo die Löcher im Käse herkommen?

16. Was ist der Beweis dafür, daß eigentlich keiner die Antwort weiß?

17. Warum kann niemand eine Antwort im Lexikon finden?

18. Was ist das Resultat der Streiterei der Gäste?

19. Warum war das Essen verdorben?

20. Was bleibt „auf dem Schauplatz" am Ende der Geschichte übrig?

PERSÖNLICHE FRAGEN

1. Wann haben Sie gegessen, als Sie ein Kind waren und nur Erwachsene am Abend zu Besuch kamen? Durften Sie den Abend mit den Erwachsenen verbringen, oder mußten Sie zu Bett gehen?

2. Wenn Sie Kinder haben, werden Sie ihnen erlauben, dabei zu sein, wenn Sie Gäste haben? Warum oder warum nicht?

3. Haben Sie als Kind manchmal Schläge bekommen? Warum?

4. Wer weiß bei Ihnen zu Hause meist die Antworten auf unwichtige Fragen? Was passiert, wenn keiner die Antwort weiß?

5. Was oder wer entscheidet einen Streit bei Ihnen, wenn niemand die Antwort weiß? (bei Ihnen zu Hause, oder unter Freunden)

6. Was machen Sie, wenn Sie die Antwort auf eine Frage nicht wissen? (Wenn es ein Kind ist, das die Frage stellt? Ein(e) Freund(in)? Ein(e) Professor(in)?)

7. Was machen Sie, wenn jemand eine Frage falsch beantwortet? Schweigen Sie, oder versuchen Sie, die Person zu korrigieren?

ANREGUNGEN ZUM GESPRÄCH

1. Wie sollen Eltern Kinder bestrafen? Soll man Kinder überhaupt hauen, wenn sie nicht gehorchen? Warum oder warum nicht?

2. Was unterscheidet das Benehmen der Kinder am Tisch von dem der Gäste? Benehmen sich die Gäste anders? Wieso oder wieso nicht?

3. Warum streiten sich die Leute in der Geschichte über die Herkunft der Löcher im Käse?

4. Warum ist es unwichtig, ob irgendjemand recht hat?

5. Ist es in der Geschichte immer klar, wer spricht? Ist es wichtig? Warum oder warum nicht?

6. Was ist Ihre Antwort auf den Titel?

ZUSAMMENFASSUNG

Schreiben Sie eine Zusammenfassung der Geschichte im Imperfekt mit etwa 100 bis 150 Wörtern. Benutzen Sie die folgenden Stichwörter:

1. Gesellschaft / abends / kommen // bekommen / Kinder / vorher / Essen

2. Mama / müssen / Kinder / füttern / und / Fragen / beantworten

3. Papa / kommen / nach / Haus / und / sprechen mit / Junge

4. Papa / fragen / Onkel Adolf // wo / Löcher / herkommen

5. Onkel Siegismund / sagen: // Käse / sich zusammenziehen / vor Kälte

6. Direktor Flackeland / behaupten // Löcher / sein / Zerfallsprodukte

7. Leute / laufen / Bibliothek / und / suchen / Lexikon

8. Gäste / sich streiten / und / sich beleidigen / gegenseitig

9. Essen / sein / vorbereiten // aber / Gäste / gehen / nach / Haus

10. Frage / bleiben / unbeantwortet / an / Ende / Geschichte

NACHERZÄHLUNG

Verwenden Sie die Bilder und die aktiven Vokabeln, um die Geschichte mündlich wiederzuerzählen.

INTERPRETATION

1. Warum müssen einige Leute alles immer „besser wissen"?

2. Inwiefern ist diese Geschichte realistisch? Inwiefern ist sie übertrieben? Zeigt Tucholsky hier die „innere Wahrhaftigkeit" der Menschen?

3. Soweit wie möglich, versuchen Sie die verschiedenen Personen in der Geschichte zu beschreiben. Was für (Stereo-)Typen sind sie?

4. Vergleichen Sie die Einstellung der Gäste mit der des Touristen in Böll's „Anekdote zur Senkung der Arbeitsmoral."

5. Tucholsky hat „Wo kommen die Löcher im Käse her—?" in den zwanziger Jahren geschrieben. Welche Einzelheiten sind etwas altmodisch? Was macht die Geschichte trotzdem zeitlos?

Kapitel 10

Die Rolltreppe

Günter Grass (1927–)

Günter Grass was born near Gdansk, which became part of Poland at the end of World War II. Grass attended the Gymnasium *in Gdansk, then served in the military in World War II until he was taken prisoner by the Americans in 1945. Upon his release from a prisoner-of-war camp, he returned to Germany, worked in a potash mine, and completed his training as a stonemason. From 1948 to 1951 he studied sculpting and graphic design in Düsseldorf, then continued to do so for three more years in Berlin. It was in 1955, while Grass was in Berlin, that he came in contact with the* Gruppe 47, *a group of contemporary well-known German writers. At the same time he completed his early literary works, among them the plays* Hochwasser *(1957) and* Onkel, Onkel *(1958).*

Grass married in 1954; in 1956 he moved to Paris, where his wife studied ballet. It was there that Grass wrote his first and best-known novel Die Blechtrommel (The Tin Drum), *which was published in 1959. Grass received the* Förderpreis des Kulturkreises im Bundesverband der Deutschen Industrie *and the* Preis der Gruppe 47 *for* Die Blechtrommel. *He became famous overnight.*

In his novels Grass sometimes uses his artistic imagination to depict brutal events; and in this manner, he also portrays a blueprint for survival. Grass often ridicules the powerful and influential while cheering for the survival of the lowly. Many of his works, such as Katz und Maus *(1961) and* Hundejahre *(1963), show a relentless openness, a prejudice-free realism, and a grotesquely comic tone in the tradition of the baroque pica-resque novel. His novels are a critique as well as a mirror of the times and have therefore been received with both praise and rejection. The senate of Bremen refused to approve the awarding of a literary award to Grass in 1959—evidence of the controversy of some of his writings.*

In the short selection Die Rolltreppe, *the reader can find elements of Grass' realism and macabre humor. In less than 100 lines the author lets us look into the mind of a character who has made arrangements for his friend (lover) to flee Germany from Bremerhaven. We experience the thoughts and feelings of one of the many people who tried futilely to escape from Germany during the war.*

A K T I V E R ▾ W O R T S C H A T Z[1]

SUBSTANTIVE

die Abfahrt, -en departure
der Abgang (*no pl.*) departure, exit
der Eilzug, ¨e express train
die Einzelheit, -en detail
der Gummimantel, ¨ rubber rain coat
die Kopfbedeckung, -en headgear, hat
das Opfer, - sacrifice, victim
das Päckchen, - small package; pack (of
   cigarettes)
der / die Passant(in), - / -nen passer-by
die Richtung, -en direction
die Schwierigkeit, -en difficulty
das Streichholz, ¨er match
das Vertrauen (*no pl.*) confidence, trust
der Zeuge, -n, -n / die Zeugin,
   -nen witness

VERBEN

an•stoßen (ö), ie, o to bump into (something)
auf•saugen, sog auf, aufgesogen *or*
   saugte auf, aufgesaugt to suck up,
   absorb
sich aus•weisen, ie, ie to identify oneself
(sich) beschäftigen (mit etwas) to occupy
   (oneself with something); to employ
bestätigen to confirm, verify
durch•queren to cross

ein•treffen (i), traf ein, eingetroffen
   (*with* **sein**) to arrive
ein•ziehen, zog ein, eingezogen
   (*with* **sein**) to draw in; to move in
locken to entice, attract; **hervor•locken**
   to entice or draw out
lösen to remove; to resolve; to dissolve; **sich**
   lösen to detach oneself
schluchzen to sob
umarmen (jemanden) to hug (someone)
verführen to tempt, seduce
verlassen, verläßt, verließ, verlassen
   to leave; **sich verlassen auf**
   (etwas / jemanden + *acc.*) to depend on
   (something or someone)
vermeiden, ie, ie to avoid
(sich) verringern to lessen

ANDERE WÖRTER UND AUSDRÜCKE

drüben over there; in another country
es geht glatt, ging glatt, glatt gegangen
   (*with* **sein**) to go smoothly
in der Reihe stehen, stand, gestanden
   to stand in line
Pech haben to have bad luck
pünktlich punctual
(so)eben just (this moment)

WORTSCHATZANWENDUNGEN

**A. Ergänzen Sie die Sätze mit einem passenden Wort bzw. passend-
en Wörtern aus dem aktiven Wortschatz. Verwenden Sie einen
(un)bestimmten Artikel, wo es nötig ist.**

1. _____ _____ eines deutschen Zuges ist genauso pünktlich wie die
   Ankunft.

2. An der Grenzkontrolle muß man _____ _____, indem man einen
   Paß zeigt.

---

[1]In the second half of the text, words in the 1000-word frequency list will no
longer be included in the *Aktiver Wortschatz* of each chapter.

3. Das Kind _____ _____ eine Stunde ohne Unterbrechung mit seinem Spielzeug.

4. Sie _____ mir in einem Brief, daß sie mit dem Zug um 13.25 ankommen würde.

5. Sie _____ ihren Freund, als sie ihn am Flughafen wiedersah.

6. Wenn Sie irgendwohin schnell fahren wollen, sollten Sie mit einem _____ fahren.

7. Auf einer Reise _____ man _____, wenn das ganze Gepäck verloren geht.

8. Eine große Familie ist heute in das Nachbarhaus _____.

9. Der Student _____ zwei Stunden _____ _____ _____, um seine gebrauchten Bücher zu verkaufen.

10. Es gab keine _____, die bestätigen konnten, was beim Autounfall passiert war.

11. Um wieviel Uhr wird der Zug heute in Berlin _____?

12. Man konnte sich auf seine Arbeit _____, sie war immer gut.

13. Es ist besser, wenn man Streit _____.

14. Sie brauchte ein _____, um das Feuer anzuzünden.

15. Ich möchte mitfahren, aber in welche _____ fährst du?

B. Es gibt mehrere Ausdrücke und Redewendungen, besonders in diesem und in den vorhergehenden Kapiteln. Gebrauchen Sie jede Redewendung in einem Satz.

1. neugierig (auf etwas) sein (+ *acc.*)

2. ein Kind kriegen

3. den Mund halten

4. mit (etwas *or* jemandem) fertigwerden

5. es geht dich nichts an

6. es ist mir wurscht

7. Pech haben

8. in der Reihe stehen

9. Bescheid wissen

10. glattgehen

Anregung zum Lesen

Sehen Sie sich die Zeichnungen an, und beantworten Sie die folgenden Fragen mündlich.

1. Wo sind der Mann und die Frau im ersten Bild?

2. Fahren die beiden zusammen irgendwohin?

3. Welche Zeitperiode ist es?

4. Woran denkt der Mann im zweiten Bild?

5. Warum hat die Frau, an die er denkt, ein Taschentuch in der Hand?

6. Wer ist der andere Mann im Bild?

7. Wo ist der Mann im dritten Bild?

8. Wer wartet auf ihn? Warum?

Hauptideen

Überfliegen Sie die folgende Geschichte, und beantworten Sie die Fragen mündlich.

1. Wo war der Erzähler am Anfang der Geschichte? Warum?

2. Was für ein Gefühl hat er auf der Rolltreppe gehabt? Woran hat er gedacht?

3. Was hat Herr Vogelsang für den Erzähler getan?

4. Was hat der Erzähler auf der Treppe gespürt?

5. Was haben die beiden Herren zum Erzähler gesagt?

Die Rolltreppe

*S*oeben brachte ich Maria zum Eilzug nach Bremerhaven. Ich durfte nicht auf dem Bahnhof stehenbleiben und Zeuge ihrer Abfahrt sein. Weder Maria noch ich haben es gerne, einander zurückzulassen und zu Opfern einer fast immer pünktlichen Eisenbahn zu machen.

Wir umarmten uns ruhig und lösten uns, als wäre es nur bis morgen. Jetzt durchquere ich die Halle, stoße an, entschuldige mich, zu spät, locke, ohne das Päckchen aus der Tasche zu nehmen, eine Zigarette hervor und muß mir Streichhölzer kaufen. Schon den Rauch einziehend, verlange ich eine Zeitung, um gegen die lange Autobusfahrt versichert° zu sein.

Dann muß ich warten. Nur langsam saugt die Rolltreppe die herbstlich gekleideten Passanten auf. Jetzt mache ich den Schritt, stehe auch in der Reihe, zwischen zwei feuchtigkeitsatmenden° Gummimänteln. Ich stehe gern auf einer Rolltreppe. Ganz darf ich mich der Zigarette hingeben° und, ähnlich dem Rauch, aufsteigen. Die Maschinerie erfüllt mich mit Vertrauen. Weder über noch unter mir meldet sich Verlangen nach einem Gespräch an.° Die Treppe spricht. Gut reihen sich° die Gedanken: Maria wird jetzt den Stadtrand erreicht haben, der Zug wird pünktlich in Bremerhaven eintreffen. Hoffentlich hat sie keine Schwierigkeiten. Schulte-Vogelsang meint, wir können uns ganz auf seine Arbeit verlassen. Und auch drüben° würde alles glattgehen. Vielleicht hätten wir es doch besser über die Schweiz versucht? Man hat mir bestätigt, daß Vogelsang verläßlich ist. Er soll schon für viele gearbeitet haben, und immer sei es gutgegangen. Warum sollte Maria, zumal sie wirklich nur kurze Zeit bei uns beschäftigt war, Pech haben?

Die Frau vor mir reibt sich die Augen. Sie schluchzt durch die Nase. Sicher hat sie die Abfahrt des Zuges, irgendeines Zuges

here: saved (from boredom)

wet breathing

indulge in

meldet . . . a demand for a conversation is made
follow in a series

drüben ≈ U.S.A.

---

erlebt. Sie hätte, wie ich, vorher gehen sollen. Die Abfahrt eines
Zuges überragt das menschliche Fassungsvermögen.° Maria hat
einen Fensterplatz. Ich werfe einen Blick zurück. Unter mir reihen
sich die Hüte. Auch die Traube am Treppenabsatz bildet sich nur
35 aus[2] Kopfbedeckungen. Es tut mir gut, nicht mehr den Einzelheiten menschlicher Gesichtszeichnungen ausgesetzt zu sein.° Deshalb will mein Blick auch die Auffahrtsrichtung vermeiden. Nun
drehe ich mich doch. Ich sollte das nicht tun. Oben, wo sich die
hartgummibelegte Treppe selbst verschluckt, wo es Nacken um
40 Nacken, Hut um Hut wegstreicht,[3] stehen zwei Herren. Es gibt
keinen Zweifel, ihre ernsten Augen sind für mich aufgespart.° Es
kommt mir weder der Gedanke, mich wieder zu drehen,
geschweige denn° der, gegen die strebende° Treppe, gegen die
Hüte unter mir, meinen Weg zu nehmen.° Dieses lächerliche
45 Geborgensein,° dieses verführerische Gefühl, solange du auf der
Treppe lebst, lebst du, solange jemand vor dir, jemand hinter dir
atmet, kann sich niemand dazwischendrängen.° Der Stufenabstand
verringert sich, ich trete etwas zurück, um mit den Fußspitzen
nicht unter die vorstehenden Hartgummikanten zu geraten.° Fast
50 freue ich mich noch, daß mir der Abgang von der Treppe so sicher
gelingt.

Die Herren nennen meinen Namen, weisen sich aus und verraten mir lächelnd, daß Marias Eilzug pünktlich in Bremerhaven ein-
trifft und daß auch dort einige Herren warten werden, doch nicht,
55 um ihr Blumen zu reichen. Wie effektvoll, daß meine Zigarette
jetzt gerade aufgeraucht ist. Ich folge den Herren.

überragt . . . extends beyond
the human ability to
comprehend

Gesichtszeichnungen . . .
to be exposed to facial
expressions

reserved for

geschweige . . . not to
mention / moving, straining
meinen . . . to make my way
feeling of safety

squeeze in between

unter . . . get caught under
the ebonite edges

FRAGEN ZUM LESESTÜCK

1. Wohin brachte der Erzähler Maria?
2. Warum durfte er nicht auf dem Bahnhof stehenbleiben?
3. Was hatten die beiden nicht gern?
4. Warum umarmten sich die beiden?
5. Wie lange wird er von Maria getrennt sein?

---

[2]**Auch** . . . The cluster (of people) on the landing (of the escalator) is also made up
only of . . .

[3]**Oben** . . . Above, where the vulcanite-covered staircase swallows itself, where it
erases neck by neck, hat by hat . . .

6. Was holte der Mann aus der Tasche?

7. Warum kaufte er eine Zeitung?

8. Worauf mußte er warten?

9. Warum stand er gern auf einer Rolltreppe?

10. Auf wen konnte man sich verlassen?

11. Was hätte er vielleicht besser über die Schweiz versucht?

12. Was hatte man ihm bestätigt?

13. Warum rieb sich die Frau vor ihm die Augen?

14. Was hätte sie schon vorher tun sollen?

15. Warum blickte der Mann nicht nach oben?

16. Wer wartete oben auf den Mann?

17. Wie wußte er, daß sie auf ihn warteten?

18. Warum wiesen sich die beiden Herren aus?

19. Wer hatte auf Maria gewartet?

20. Woher wissen wir, daß der Mann freiwillig mit den zwei Herren ging?

PERSÖNLICHE FRAGEN

1. Sind Sie schon einmal mit dem Zug gefahren? Warum? Warum fährt man in Amerika nicht so oft mit dem Zug wie in Europa?

2. Wie benehmen Sie sich, wenn Sie sich am Bahnhof oder am Flughafen von jemandem verabschieden müssen, den Sie lieben? Gehen Sie schnell weg, oder bleiben Sie lange dort? Warum?

3. Wie fühlen Sie sich auf einer Rolltreppe, in einem Fahrstuhl oder in einem Auto? Achten Sie darauf, was um Sie herum passiert, oder verlieren Sie sich in Ihren eigenen Gedanken?

4. Haben Sie sich je auf andere Leute verlassen müssen? Warum? Was war das Resultat?

5. Was halten Sie von dem deutschen Brauch, am Bahnhof oder Flughafen den Reisenden Blumen zu schenken?

ANREGUNGEN ZUM GESPRÄCH

1. Woher weiß man, daß der Erzähler doch spürt, daß jemand auf ihn wartet?

2. Warum versucht der Erzähler nicht die Treppe hinunterzulaufen, um den Männern zu entkommen?

3. Die Männer sind der Frau und dem Mann gefolgt? Weshalb?

4. Schauen Sie das zweite Bild in diesem Kapitel wieder an. Welche Bedeutung haben diese Sachen / Menschen für die Geschichte?

ZUSAMMENFASSUNG

Schreiben Sie eine Zusammenfassung der Geschichte im Imperfekt mit etwa 100 bis 150 Wörtern. Benutzen Sie die folgenden Stichwörter:

1. Eilzug / Bremerhaven // nicht / warten
2. Maria / fort
3. Er / Zigarette / Zeitung
4. Er / Rolltreppe / aufsaugen
5. Er / Verlangen / Menschen
6. Er / Maria / alles / glattgehen
7. Frau / sich reiben / Augen // schluchzen / Nase
8. Blick / Männer
9. Er / sich umdrehen // Herren / warten
10. Es / Zweifel // Herren / folgen

NACHERZÄHLUNG

Verwenden Sie die Bilder und die aktiven Vokabeln, um die Geschichte mündlich wiederzuerzählen. *Oder* erzählen Sie die Geschichte von Marias Gesichtspunkt aus.

INTERPRETATION

1. Welche Bedeutung hat die Rolltreppe in dieser Erzählung?
2. Was für einen Effekt hat die Zigarette am Ende der Geschichte?
3. Könnte diese Geschichte heute passieren? Könnte sie auch in Amerika passieren? Warum oder warum nicht?

Kapitel 11

Eine größere Anschaffung

Wolfgang Hildesheimer (1916–   )

Wolfgang Hildesheimer was born in Hamburg in 1916. He attended a German secondary school in Mannheim and a private school in England. At 17 he emigrated to Palestine, where he worked as a cabinetmaker and interior designer. Hildesheimer returned to England in 1937 to study painting and set building. From 1939 to 1945 he served as a British information officer in Palestine. After World War II Hildesheimer was an interpreter and an editor of the proceedings of the Nürnberg trials. At the same time he worked as a commercial artist and journalist. He began writing literature in 1950. Hildesheimer's first collection of short stories, Lieblose Legenden, *was published in 1952. Many of his radio plays and dramas are based on ideas presented in these and other short stories. Wolfgang Hildesheimer now lives in a small village in Switzerland.*

Perhaps most enlightening on the subject of Hildesheimer's themes are the author's words from Das Ende der Fiktionen *(1984), in which he states that he does not want to "demythologize the myths. . .," but to portray his heroes as his imagination dictates to him. The confrontation of inner world and outer world, as represented by a fantasizing intellectual versus a robust opponent, is the central theme in his novel* Tynset *(1965). Wolfgang Hildesheimer is also concerned about social, artistic, and aesthetic charlatans. He describes our world as a "Paradies der falschen Vögel" (paradise of false birds) where people are really something other than what they profess to be. The short story "Eine größere Anschaffung" is an example of this theme. Here, the narrator pretends to know something about locomotives so that he won't be taken advantage of when one is offered to him in a bar. Later his cousin, a know-it-all, enters the scene. At what point does the story become fiction rather than reality? Or perhaps one person's fiction is another person's reality.*

A K T I V E R ▾ W O R T S C H A T Z

SUBSTANTIVE

die Anschaffung, -en purchase

die Ansicht, -en picture, diagram; view, opinion

die Ausstellung, -en fair; exhibit

der Bau, -ten building, construction

der Fesselballon, -s *or* **-e** hot-air or gas balloon

der Handel (*no pl.*) deal, transaction

die Kenntnis, -se knowledge

die Last, -en load, burden

die Lieferung, -en delivery

die Meldung, -en news, announcement

die Seife, -n soap

die Tatsache, -n fact; happening

das Wirtshaus, ¨er restaurant (with bar)

der Zwilling, -e twin

VERBEN

bestellen to order

beschließen, o, o, to decide

dar•stellen to show, display

sich einigen (über etwas) to agree (on), come to terms

sich auf etwas ein•lassen (läßt), ließ, gelassen (+ *acc.*) to get involved with something

entgegnen to reply

erstaunen to amaze

gestatten to permit

sich verabschieden (von jemandem) to say goodbye (to someone)

widerstehen, widerstand, widerstanden (+ *dat.*) to resist; to be repugnant to

ANDERE WÖRTER UND AUSDRÜCKE

angemessen suitable

ausreichend sufficient

benachbart neighbouring

bereitwillig willing, eager

ein freudiges Ereignis erwarten to expect the birth of a baby

es handelt sich um (etwas / jemanden) to be about (something / someone), concern (something / someone)

die Katze im Sack kaufen to buy a pig in a poke

(kurz)fristig (short) period of time

offensichtlich obvious(ly)

ohnehin anyway

peinlich embarrassing

unausstehlich intolerable

Vorsicht ist am Platze caution is warranted

WORTSCHATZANWENDUNGEN

A. Ergänzen Sie die Sätze mit einem passenden Wort bzw. passenden Wörtern aus dem aktiven Wortschatz. Verwenden Sie einen (un)bestimmten Artikel, wo es nötig ist.

Eines Tages, als ich in der Bibliothek eine Arbeit schrieb, zeigte mir ein junger Mann _____ _____ von einem großen rotweißen _____, mit dem ich über die Stadt fliegen könnte. Ich wollte schon immer mal fliegen, darum bat ich um mehr Auskunft darüber, wie ich den Fesselballon preiswert kaufen könnte. Ich fragte nach _____ _____ des Ballonkorbes und nach der Art der Füllung (z.B. Helium), um dem jungen Mann klarzumachen, daß ich nicht ganz naiv war. Obwohl wir _____ über den Preis _____ hatten, war ich nicht zufrieden. Aber ich konnte der Versuchung nicht _____, meiner lieben Frau zu imponieren. Deshalb habe ich den Fesselballon _____.

Nachdem ich mich auf das Geschäft _____ _____, sollte _____
_____ des Fesselballons in drei Tagen erfolgen. Am nächsten Tag ging
ich ins _____, um ein Glas Bier zu trinken, und dort traf ich eine Freundin.
Sie hatte eine Zeitung, worin ein Artikel über eine große _____ in San
Francisco stand. Ich las in der Zeitung, daß man einen rot-weißen
Fesselballon von der Ausstellung gestohlen hatte. Es war _____, daß ich
ein Opfer eines Betruges geworden war. Übrigens kann ich schlecht „nein"
sagen, aber das nächste Mal werde ich vorsichtiger sein und keine _____
_____ _____ _____.

**B. Finden Sie für jedes Wort in Liste A ein passendes Wort in Liste B,
um ein zusammengesetztes Wort zu bilden. Alle Wörter in Liste B
können mehrmals gebraucht werden. Schreiben Sie die neuen Wörter und ihre Bedeutung auf. *Zum Beispiel:* Feier + Tag → Feiertag
(holiday).**

A	B
Bahn	Tag
Werk	Haus
Flug	Platz
Gast	Sache
Feier	Zeug
Schul-	Hof
Spiel	
Schau	
Markt	
Wirt(s)	
Kranken-	
Arbeit(s)	
Wochen	
Bauern	
Fahr-	
Tat	

Anregung zum Lesen

❶

Beantworten Sie die folgenden Fragen mündlich.

1. Wo sind die Männer im ersten Bild? Beschreiben Sie die Szene.

2. Worüber sprechen die Männer?

3. Warum steht die Lokomotive im zweiten Bild in der Garage?

4. Wieso hat der Erzähler eine Lokomotive?

5. Was macht der Mann im dritten Bild?

6. Warum sieht er böse aus?

❷

Hauptideen

Überfliegen Sie die folgende Geschichte und beantworten Sie die Fragen mündlich.

1. Warum waren die beiden Männer im Wirtshaus?

2. Was war das Resultat ihres Gesprächs?

3. Was für ein Mensch ist der Vetter des Erzählers?

4. Was hat der Erzähler seinem Vetter über die Lokomotive gesagt?

5. Wie hat der Vetter auf diese Geschichte reagiert?

6. Warum hat der Erzähler den Kran nicht gekauft?

Eine größere Anschaffung

Eines Abends saß ich im Dorfwirtshaus vor (genauer gesagt, hinter) einem Glas Bier, als ein Mann gewöhnlichen Aussehens sich neben mich setzte und mich mit gedämpft-°vertraulicher Stimme fragte, ob ich eine Lokomotive kaufen wolle. Nun ist es zwar ziemlich leicht, mir etwas zu verkaufen, denn ich kann schlecht nein sagen, aber bei einer größeren Anschaffung dieser Art schien mir doch Vorsicht am Platze. Obgleich ich wenig von Lokomotiven verstehe, erkundigte ich mich nach Typ, Baujahr und Kolbenweite,° um bei dem Mann den Anschein° zu erwecken, als habe er es hier mit einem Experten zu tun, der nicht gewillt sei, die Katze im Sack zu kaufen. Ob ich ihm wirklich diesen Eindruck vermittelte,° weiß ich nicht; jedenfalls gab er bereitwillig Auskunft und zeigte mir Ansichten, die das Objekt von vorn, von hinten und von den Seiten darstellten. Sie sah gut aus, diese Lokomotive, und ich bestellte sie, nachdem wir uns vorher über den Preis geeinigt hatten. Denn sie war bereits gebraucht, und obgleich Lokomotiven sich bekanntlich nur sehr langsam abnützen,° war ich nicht gewillt, den Katalogpreis zu zahlen.

Schon in derselben Nacht wurde die Lokomotive gebracht. Vielleicht hätte ich dieser allzu kurzfristigen Lieferung entnehmen° sollen, daß dem Handel etwas Anrüchiges innewohnte,° aber arglos° wie ich war, kam ich nicht auf die Idee. Ins Haus konnte ich die Lokomotive nicht nehmen, die Türen gestatteten es nicht, zudem wäre es wahrscheinlich unter der Last zusammengebrochen, und so mußte sie in die Garage gebracht werden, ohnehin der angemessene Platz für Fahrzeuge. Natürlich ging sie der Länge nach nur etwa halb hinein, dafür war die Höhe ausreichend; denn ich hatte in dieser Garage früher einmal meinen Fesselballon untergebracht, aber der war geplatzt.

muffled

width of the pistons / impression

conveyed

wear out

inferred

etwas . . . a notorious deed was inherent

innocent

30 Bald nach dieser Anschaffung besuchte mich mein Vetter. Er
ist ein Mensch, der, jeglicher Spekulation und Gefühlsäußerung
abhold,° nur die nackten Tatsachen gelten läßt. Nichts erstaunt
ihn, er weiß alles, bevor man es ihm erzählt, weiß es besser und
kann alles erklären. Kurz, ein unausstehlicher Mensch. Wir
35 begrüßten einander, und um die darauffolgende peinliche Pause zu
überbrücken, begann ich: „Diese herrlichen Herbstdüfte° . . . “—
„Welkendes Kartoffelkraut“,° entgegnete er, und an sich hatte er
recht. Fürs erste steckte ich es auf° und schenkte mir von dem
Kognak ein, den er mitgebracht hatte. Er schmeckte nach Seife,
40 und ich gab dieser Empfindung Ausdruck.° Er sagte, der Kognak
habe, wie ich auf dem Etikett° ersehen könne, auf den Weltausstel-
lungen in Lüttich und Barcelona große Preise, in St. Louis gar die
goldene Medaille erhalten, sei daher gut. Nachdem wir schweigend
mehrere Kognaks getrunken hatten, beschloß er, bei mir zu über-
45 nachten, und ging den Wagen einstellen.° Einige Minuten darauf
kam er zurück und sagte mit leiser, leicht zitternder Stimme, daß
in meiner Garage eine große Schnellzugslokomotive stünde.°

„Ich weiß“, sagte ich ruhig und nippte von meinem Kognak,
„ich habe sie mir vor kurzem angeschafft.“ Auf seine zaghafte°
50 Frage, ob ich öfters damit fahre, sagte ich, nein, nicht oft, nur neulich, nachts, da hätte ich eine benachbarte Bäuerin, die ein
freudiges Ereignis erwartete, in die Stadt ins Krankenhaus gefahren. Sie hätte noch in der selben Nacht Zwillingen das Leben
geschenkt, aber das habe wohl mit der nächtlichen Lokomotivfahrt
55 nichts zu tun. Übrigens war das alles erlogen, aber bei solchen
Gelegenheiten kann ich der Versuchung nicht widerstehen, die
Wirklichkeit ein wenig zu schmücken.° Ob er es geglaubt hat,
weiß ich nicht, er nahm es schweigend zur Kenntnis, und es war
offensichtlich, daß er sich bei mir nicht mehr wohl fühlte. Er
60 wurde ganz einsilbig,° trank noch ein Glas Kognak und verab-
schiedete sich. Ich habe ihn nicht mehr gesehen.

Als kurz darauf die Meldung durch die Tageszeitungen ging,
daß den französischen Staatsbahnen eine Lokomotive abhanden
gekommen sei° (sie sei eines Nachts vom Erdboden—genauer
65 gesagt vom Rangierbahnhof°—verschwunden), wurde mir natürlich klar, daß ich das Opfer einer unlauteren° Transaktion geworden war. Deshalb begegnete ich auch dem Verkäufer, als ich ihn
kurz darauf im Dorfgasthaus sah, mit zurückhaltender Kühle. Bei
dieser Gelegenheit wollte er mir einen Kran verkaufen, aber ich
70 wollte mich in ein Geschäft mit ihm nicht mehr einlassen, und
außerdem, was soll ich mit einem Kran?

Gefühlsäußerung . . .
adverse to expression of
feeling

fall air (fragrances)
welkendes . . . whithering
potato leaves
steckte . . . abandoned it

gab . . . expressed this
perception
label

put in (the garage)

subjunctive of **stehen**

timid

die . . . to embellish the truth

taciturn (monosyllabic)

abhanden . . . disappeared
railroad switchyard
sordid

FRAGEN ZUM LESESTÜCK

1. Wo fing die Geschichte an?
2. Wer setzte sich neben den Erzähler?
3. Was wollte der Fremde?
4. Was meinte der Erzähler dazu?
5. Warum war es ziemlich leicht, dem Erzähler etwas zu verkaufen?
6. Erkundigte sich der Erzähler genau?
7. Hatte der Erzähler die Lokomotive gesehen, ehe sie geliefert wurde?
8. Wann bekam er die Lokomotive?
9. Warum lieferte der Fremde die Lokomotive so schnell?
10. Warum paßte die Lokomotive nicht ganz in die Garage hinein?
11. Was hatte der Erzähler früher in seiner Garage untergebracht?
12. Wer kam zu Besuch?
13. Was hielt der Vetter von dem herrlichen Herbstgeruch?
14. Wie schmeckte der Kognak, den der Vetter mitgebracht hatte?
15. Warum sollte der Kognak gut sein?
16. Warum wollte der Vetter bei dem Erzähler übernachten?
17. Was bemerkte der Vetter, als er seinen Wagen in die Garage stellen wollte?
18. Was für eine Geschichte erfand der Erzähler dann?
19. Was stand später in der Tageszeitung?
20. Warum wollte sich der Erzähler nicht mit dem Verkäufer auf ein neues Geschäft einlassen?

PERSÖNLICHE FRAGEN

1. Gehen Sie gern in ein Wirtshaus? Warum?
2. Haben Sie je einen *second-hand* Artikel gekauft? Was? Wo? Warum?
3. Haben Sie den Kauf eines Artikels jemals bedauert?
4. Wie würden Sie reagieren, wenn Ihnen jemand einen Kran oder eine Lokomotive anbieten würde? Einen Porsche? Einen Farbfernseher?
5. Kennen Sie jemanden der sich wie der Vetter benimmt?
6. Wie behandeln Sie Besserwisser?

ANREGUNGEN ZUM GESPRÄCH

1. Was halten Sie von dem Erzähler? Finden Sie ihn sympathisch? Naiv? Dumm? Interessant? Warum?

2. Was beweist die Tatsache, daß der Erzähler früher einen Fesselballon hatte?

3. Woran erkennt man, daß man bei einer Anschaffung vorsichtig sein muß (bei gebrauchten oder neuen Sachen)? Warum? Muß man heutzutage vorsichtiger sein als früher? Warum?

4. Hat der Erzähler etwas bei dem Kauf der Lokomotive gelernt? Was ist der Beweis dafür / dagegen?

5. Schauen Sie sich das zweite Bild in diesem Kapitel noch einmal an. Was war Ihr erster Eindruck, als Sie die Lokomotive in der Garage gesehen haben? Warum hat der Erzähler eigentlich die Lokomotive gekauft?

ZUSAMMENFASSUNG

Schreiben Sie eine Zusammenfassung der Geschichte im Imperfekt mit etwa 100 bis 150 Wörtern. Artikel und Konjunktionen müssen manchmal hinzugefügt werden. Benutzen Sie die folgenden Stichwörter.

1. Erzähler / Fremde / Dorfwirtshaus

2. Fremde / Erzähler / Ansicht / Lokomotive

3. Bauart / Lokomotive

4. Fremde / einigen / Preis

5. widerstehen / Gelegenheit

6. Fesselballon / Garage

7. Vetter / Kognak // Weltausstellung / Preis

8. Vetter / verabschieden / Abend

9. Meldung / Tageszeitung // Lokomotive / verschwinden

10. Erzähler / einlassen / Fremde

NACHERZÄHLUNG

Verwenden Sie die Bilder und die aktiven Vokabeln, um die Geschichte mündlich wiederzuerzählen. *Oder* erzählen Sie die Geschichte vom Standpunkt des Vetters aus.

INTERPRETATION

1. Wo gibt es Menschen wie diesen Erzähler? Warum war er so naiv?

2. Warum ist diese Erzählung absurd? Was will der Autor damit erreichen?

3. Beantworten Sie die Frage am Ende der Biographie von Wolfgang Hildesheimer. Ist diese Erzählung überhaupt realistisch? Oder ist sie total erfunden? Wo liegt die Grenze?

Kapitel 12

Seegeister

Ilse Aichinger (1921–   )

Aichinger's poetry and prose are a verbal synthesis of opposites in human existence. The possible and the impossible, the past and the present, the specific instances and the universal truths of existence are woven into a unified whole in her works. Reality in her writings is reduced to situations and actions that contain existential truths.

The short story "Seegeister" consists of three vignettes, each concerning different aspects of two of Aichinger's recurring themes—isolation and lack of communication. In the first of these tales, which is presented here, the main character seems deliberately to isolate himself from his friends and family by a series of lies until he no longer knows what reality is. His inability to communicate the truth to others ultimately leads to his own destruction.

Born in Vienna in 1921, Aichinger gave up her study of medicine, after five semesters at the University of Vienna, to finish her first novel, Die größere Hoffnung *(1948). This book, which deals with a young girl who is sought by the Nazis because of her racial background, established Aichinger as a leading writer in Austria and Germany. In* Die Spiegelgeschichte *(1954) Aichinger tells the story of a young lady who had an abortion; she begins with the woman's death and works backwards.* Wo ich wohne *(1963) contains short stories, dialogues, and poems, some of which have been published in other anthologies. In 1978 Aichinger's poems appeared under the title* Verschenkter Rat. *She has also written a number of radio plays. For her literary achievements, Aichinger has received the* Preis der Gruppe 47 *(1952), awards from the cities of Bremen (1955) and Düsseldorf (1957), and the* Nelly-Sachs Preis *(1971). Ilse Aichinger now resides in Gmain in Upper Bavaria.*

A K T I V E R ▾ W O R T S C H A T Z

SUBSTANTIVE

das Benzin, -e gasoline
die Bucht, -en bay, creek inlet
der Dampfer, - steamer
der / die Einheimische, -n (*noun declined as adjective*) native resident
die Jacht, -en yacht
der Kamin, -e chimney, fireplace
der Landungssteg, -e dock
der Schwan, ¨e swan
die Verzweiflung (*no pl.*) despair
die Welle, -n wave (of water)

VERBEN

ab•dichten to make tight, seal up
ab•stellen to turn off
ab•winken to wave aside
aus•brechen (i), a, o (*with* **sein**) to break out
aus•laufen (ä), ie, au (*with* **sein**) to run out
aus•schicken to send out
kehrt•machen to turn around
laden (ä), u, a to load
löschen to extinguish

nach•lassen (läßt nach), ließ nach, nachgelassen to diminish, slacken
trösten to comfort
vorüber•gehen, ging vorüber, vorübergegangen (*with* **sein**) to go past, pass (by)
weiter•treiben, ie, ie to propel further; (*with* **sein**) to drift further
zu•lassen (läßt zu), ließ zu, zugelassen to allow
zu•rufen, ie, u (jemandem etwas) to yell (something to someone)

ANDERE WÖRTER UND AUSDRÜCKE

aufwärts upward(s); **uferaufwärts** along the bank, upstream
genußsüchtig pleasure seeking
kreuz und quer in all directions
sich über (etwas / jemanden) lustig machen (+ *acc.*) to make fun of (something or someone)
steil steep
übermütig high-spirited, boisterous; cocky

WORTSCHATZANWENDUNGEN

A. Ergänzen Sie die Sätze mit einem passenden Wort bzw. passenden Wörtern aus dem aktiven Wortschatz. Verwenden Sie einen (un)bestimmten Artikel, wo es nötig ist.

1. Er _____ den Motor _____ und ging ins Haus.

2. Bei dem Autounfall _____ das Benzin _____ dem Tank auf die Straße.

3. Die Kinder _____ ihm etwas _____, aber er konnte sie nicht hören, weil er so weit weg war.

4. Die Mädchen _____ sich über den Jungen _____, weil er so komisch aussah.

5. Die Nachricht, daß ihr Mann im Krieg gefallen war, brachte die Frau zur _____.

6. Zwei weiße _____ schwammen auf dem See.

7. Schwarzer Rauch kam aus _____ _____ ins Zimmer hinein.

8. Sie _____ dem Rettungsschwimmer _____, denn sie brauchte keine Hilfe.

9. _____ _____ konnte uns alle Sehenswürdigkeiten der Stadt zeigen.

10. Am letzten Schultag sind alle Kinder _____.

11. _____ _____ in Deutschland kostet mehr als in den Vereinigten Staaten.

12. Am 1. September 1939 _____ der Zweite Weltkrieg _____.

13. Der starke Regen _____ erst nach einer halben Stunde _____.

14. Man konnte die Frau nicht _____, denn ihre Kinder waren im Feuer verbrannt.

15. Die Kinder spielten im Hof und rannten _____ _____ _____ durch den Garten.

B. Die Vorsilbe *aus*- bedeutet oft „out" und die Vorsilbe *ab*- bedeutet „off" oder „aside". Unten steht eine Liste solcher Verben aus diesem und aus früheren Kapiteln. Ergänzen Sie die Sätze mit passenden Verben.

ab•brechen	ab•winken
ab•dichten	aus•brechen
ab•hängen	aus•dehnen
ab•lehnen	aus•laufen
ab•sehen	aus•schicken
ab•stellen	aus•weisen
ab•warten	aus•ziehen

1. Ein Eissturm hatte einen Zweig von einem Baum _____.

2. Der Mann _____ seine Schuhe _____, ehe er durchs Wasser lief.

3. Der faule Student hat von dem intelligenten Studenten _____.

4. Der König _____ seine Boten _____.

5. Die Frau mußte sich bei der Paßkontrolle _____.

6. Hast du denn den Herd _____?

7. Viele Kinder und Erwachsene können die Feiertage kaum _____.

Anregung zum Lesen

Sehen Sie sich die Zeichnungen an, und beantworten Sie die folgenden Fragen mündlich.

1. Wo ist der Mann im ersten Bild? Wie sehen der See und die Umgebung aus?

2. Warum sieht der Mann froh aus?

3. Warum ist der Mann auf dem See?

4. Was tut der Mann im zweiten Bild?

5. Wo steht die Sonne am Himmel? Warum?

6. Beschreiben Sie das dritte Bild! Welche Tageszeit ist es?

7. Warum sind die anderen Leute—die Kinder und das Mädchen—nicht mehr da?

8. Warum ist der Mann immer noch auf dem Wasser?

❸

Hauptideen

Überfliegen Sie die Geschichte, und erklären Sie welche Bedeutung die folgenden Stichwörter für die Geschichte haben.

1. Unglück: den Motor nicht abstellen

2. Notlüge: er wolle seine Kinder / Freunde holen

3. Unglück: kein Benzin mehr, aber Seewasser treibt das Boot

4. Zweite Lüge: er müsse den Sommer nützen, denn er ginge zu Ende

5. Andere Realität: er glaubt, das Mädchen erwarte die Wellen, die sein Boot warf

6. Meinung des Mädchens: Der Mann ist zu genußsüchtig

7. Die Verzweiflung

Seegeister

*D*a ist der Mann, der den Motor seines Bootes, kurz bevor er
landen wollte, nicht mehr abstellen konnte. Er dachte zunächst,
das sei weiter kein Unglück und zum Glück sei der See groß,
machte kehrt und fuhr vom Ostufer gegen das Westufer zurück,
wo die Berge steil aufsteigen und die großen Hotels stehen. Es war
ein schöner Abend, und seine Kinder winkten ihm vom Landungssteg, aber er konnte den Motor noch immer nicht abstellen, tat
auch, als wollte er nicht landen, und fuhr wieder gegen das flache
Ufer zurück. Hier—zwischen entfernten Segelbooten, Ufern und
Schwänen, die sich weit vorgewagt hatten—brach ihm angesichts
der Röte,° die die untergehende Sonne auf das östliche Ufer warf,
zum erstenmal der Schweiß aus den Poren, denn er konnte seinen
Motor noch immer nicht abstellen. Er rief seinen Freunden, die auf
der Terrasse des Gasthofs beim Kaffee saßen, fröhlich zu, er wolle
noch ein wenig weiterfahren, und sie riefen fröhlich zurück, das
solle er nur. Als er zum drittenmal kam, rief er, er wolle nur seine
Kinder holen, und seinen Kindern rief er zu, er wolle nur seine
Freunde holen. Bald darauf waren Freunde und Kinder von beiden
Ufern verschwunden, und als er zum viertenmal kam, rief er
nicht mehr.

Er hatte entdeckt, daß sein Benzintank leck° war, das Benzin
war längst ausgelaufen, aber das Seewasser trieb seinen Motor weiter. Er dachte jetzt nicht mehr, das sei weiter kein Unglück und
zum Glück sei der See groß. Der letzte Dampfer kam vorbei, und
die Leute riefen ihm übermütig zu, aber er antwortete nicht, er
dachte jetzt: „Wenn nur kein Boot mehr käme!" Und dann kam
auch keins mehr. Die Jachten lagen mit eingezogenen Segeln in den
Buchten, und der See spiegelte die Lichter der Hotels.

Dichter Nebel begann aufzusteigen, der Mann fuhr kreuz und
quer und dann die Ufer entlang, irgendwo schwamm noch ein

angesichts . . . in view of the
redness (of the sun)

leaking

120

Mädchen und warf sich den Wellen nach, die sein Boot warf, und ging an Land.

Aber er konnte, während er fuhr, den lecken Tank nicht abdichten und fuhr immer weiter. Jetzt erleichterte ihn nur mehr der Gedanke, daß sein Tank doch eines Tages den See ausge- schöpft° haben müsse, er dachte, es sei eine merkwürdige Art des Sinkens, den See aufzusaugen und zuletzt mit seinem Boot auf dem Trockenen zu sitzen. Kurz darauf begann es zu regnen, und er dachte auch das nicht mehr. Als er wieder an dem Haus vorbei- kam, vor dem das Mädchen gebadet hatte, sah er, daß hinter einem Fenster noch Licht war, aber uferaufwärts, in den Fenstern, hinter denen seine Kinder schliefen, war es schon dunkel, und als er kurz danach wieder zurückfuhr, hatte auch das Mädchen sein Licht gelöscht. Der Regen ließ nach, aber das tröstete ihn nun nicht mehr.

Am nächsten Morgen wunderten sich seine Freunde, die beim Frühstück auf der Terrasse saßen, daß er schon so früh auf dem Wasser sei. Er rief ihnen fröhlich zu, der Sommer ginge zu Ende, man müsse ihn nützen, und seinen Kindern, die schon am frühen Morgen auf dem Landungssteg standen, sagte er dasselbe. Und als sie am nächsten Morgen eine Rettungsexpedition nach ihm aus- schicken wollten, winkte er ab, denn er konnte doch jetzt, nachdem er sich zwei Tage lang auf die Fröhlichkeit hinausgeredet° hatte, eine Rettungsexpedition nicht mehr zulassen; vor allem nicht angesichts des Mädchens, das täglich gegen Abend die Wel- len erwartete, die sein Boot warf. Am vierten Tag begann er zu fürchten, daß man sich über ihn lustig machen könne, tröstete sich bei dem Gedanken, daß auch dies vorüberginge. Und es ging vorüber.

Seine Freunde verließen, als es kühler wurde, den See, und auch die Kinder kehrten zur Stadt zurück, die Schule begann. Das Motorengeräusch von der Uferstraße ließ nach, jetzt lärmte nur noch sein Boot auf dem See. Der Nebel zwischen Wald und Gebirge wurde täglich dichter, und der Rauch aus den Kaminen blieb in den Wipfeln° hängen. Als letztes verließ das Mädchen den See. Vom Wasser her sah er sie ihre Koffer auf den Wagen laden. Sie warf ihm eine Kußhand zu und dachte: „Wäre er ein Verwunschener,° ich wäre länger geblieben, aber er ist mir zu genußsüchtig!"

Bald darauf fuhr er an dieser Stelle mit seinem Boot aus Ver- zweiflung auf den Schotter.° Das Boot wurde längsseits aufgerissen und tankt von nun an Luft. In den Herbstnächten hören es die Einheimischen über ihre Köpfe dahinbrausen.°

Margin glosses:
- emptied
- er . . . talked his way out of it
- treetops
- bewitched
- gravel
- roaring away (to somewhere)

FRAGEN ZUM LESESTÜCK

1. Warum war der Mann auf dem See?
2. Welches Problem hatte er?
3. Hatte er negative oder positive Gedanken über seine Situation?
4. Warum tat er, als ob er nicht landen wollte?
5. Warum brach ihm der Schweiß aus den Poren?
6. Was rief er seinen Freunden zu?
7. Was rief er seinen Kindern zu?
8. Warum brauchte er nicht mehr zu rufen?
9. Was trieb das Boot weiter, als kein Benzin mehr im Tank war?
10. Warum wünschte er, daß kein Boot mehr kommen sollte?
11. Wie lange war der Mann auf dem See, ehe er seine Meinung, es sei kein Unglück, änderte?
12. Warum gab er die Hoffnung auf, wieder an Land zu kommen?
13. Warum wollte er am nächsten Tag nicht gerettet werden?
14. Warum schwamm das Mädchen täglich in dem See?
15. Warum verließen die Freunde den See?
16. Warum verließen die Kinder den See?
17. Wer ging zuletzt?
18. Warum konnte das Mädchen ihm nicht helfen?
19. Was tat er dann mit dem Boot?
20. Was hören die Einheimischen in den Herbstnächten?

PERSÖNLICHE FRAGEN

1. Haben Sie schon einmal ein ungewöhnliches Unglück erlebt? Beschreiben Sie es!
2. Ist es Ihnen einmal passiert, daß Sie aus irgendeinem Grund gelogen haben, und daß Sie dann bei der Lüge bleiben mußten, auch wenn Sie nicht mehr wollten? Wann? Warum?
3. Waren Sie je in einer Situation, in der Sie Hilfe abgelehnt haben, obwohl Sie sie brauchten? Beschreiben Sie die Situation!
4. Glauben Sie in irgendeiner Form an Geister?

ANREGUNGEN ZUM GESPRÄCH

1. Soll man einem Menschen helfen, der alle Hilfeversuche ablehnt? Warum oder warum nicht?
2. Warum lügen Leute?

3. Das Mädchen fährt weg und denkt: „Wäre er ein Verwunschener, ich wäre länger geblieben." Was wollte es damit sagen? Welche Bedeutung hat das für die Geschichte?

4. Was passiert am Ende der Geschichte? Warum hören die Einheimischen das Boot *über* ihren Köpfen? Wollte sich der Mann das Leben nehmen?

5. Aus welchen Gründen haben Leute hin und wieder eine falsche Vorstellung von der Wirklichkeit?

6. Warum oder wann werden manchmal unsere geheimsten Gedanken realisiert?

ZUSAMMENFASSUNG

Schreiben Sie eine Zusammenfassung der Geschichte im Imperfekt mit etwa 100 bis 150 Wörtern. Benutzen Sie die folgenden Stichwörter:

1. Motor / nicht / abstellen

2. Unglück / Glück

3. Kinder / Freunde / rufen

4. Benzintank

5. Sinken / Regen

6. Sommer / zu Ende

7. Rettungsexpedition

8. Mädchen

9. Verzweiflung

10. Einheimische / hören

NACHERZÄHLUNG

Verwenden Sie die Bilder und die aktiven Vokabeln, um die Geschichte mündlich wiederzuerzählen. *Oder* **erzählen Sie die Geschichte vom Standpunkt der Kinder aus.**

INTERPRETATION

1. Wodurch hat sich der Mann isoliert? Warum? Was für ein Mensch ist er?

2. Sind Glück und Unglück mit dem Schicksal eines Menschen verbunden? Kann man trotz Schicksalsschlägen Glück haben?

3. Wieso spielt der Nebel eine wichtige Rolle in dieser Geschichte?

4. In der Einleitung zu den drei Geschichten in „Seegeister" schreibt Ilse Aichinger:

> Den Sommer über beachtet man sie wenig oder hält sie für seinesgleichen, und wer den See mit dem Sommer verläßt, wird sie nie erkennen. Erst gegen den Herbst zu beginnen sie, sich deutlicher abzuheben. Wer später kommt oder länger bleibt, wer zuletzt selbst nicht mehr weiß, ob er noch zu den Gästen oder schon zu den Geistern gehört, wird sie unterscheiden. Denn es gibt gerade im frühen Herbst Tage, an denen die Grenzen im Hinüberwechseln noch einmal sehr scharf werden.

Diskutieren Sie die Erzählung von dem Mann und dem Boot in Bezug auf diese Einleitung. War der Mann schon immer ein Geist, oder wird er einer im Laufe der Geschichte? Wie und wann findet sein Übergang vom Gast zum Geist statt? Ändert er sich am Ende plötzlich oder allmählich?

(Wenn es Sie interessiert, versuchen Sie, die anderen zwei Geschichten in „Seegeister" zu finden und zu lesen.)

Kapitel 13

Der Schlag ans Hoftor

Franz Kafka (1883–1924)

Franz Kafka is not only one of the best-known German authors of the first half of the twentieth century, but he has also influenced many other writers. One of his original manuscripts was sold for over a million dollars in 1989.

When Franz Kafka was born in Prague, Czechoslovakia was still part of the Austro-Hungarian Empire. He attended a German secondary school in Prague and, following the wishes of his father, studied law at the university there. Kafka was a sensitive and introverted individual who suffered most of his life under the domination of his highly successful and materialistic father.

At the University of Prague, Kafka became acquainted with Max Brod, a writer who encouraged Kafka's literary efforts and who, in fact, published Kafka's unfinished and unpublished works after Kafka's death. One chapter of Kafka's first successful, but uncompleted novel, Der Verschollene, *appeared as "Der Heizer" in 1913 and earned him the* Fontane-Preis *(1915).* Der Verschollene *was published by Max Brod under the title* Amerika *in 1927. Two of Kafka's best-known short stories, "Das Urteil" (1912) and "Die Verwandlung" (1916), were also written during his first major creative phase. In addition, Kafka wrote the novella, "In der Strafkolonie," which was published in 1919, and the novel,* Der Prozeß, *which appeared in 1925.*

Kafka's stories and novels are challenging. The situations are often dreamlike and surrealistic because they reflect Kafka's inner thoughts and do not correspond, necessarily, to events in the real world. Kafka's characters are portrayed in a grotesque, paradoxical, sometimes even humoristic manner. Ultimately they must come to terms with their own existential guilt. Kafka shows again and again in his writings that individuals cannot understand the world and therefore they cannot be happy. Even in Kafka's last novel, Das Schloß *(1926), the individual cannot get into the castle, which represents an unattainable goal.*

The short story presented here, "Der Schlag ans Hoftor," is concerned with the question of justice and injustice, which is of particular interest since Kafka both studied and practiced law.

A K T I V E R ▼ W O R T S C H A T Z

SUBSTANTIVE

die Aussicht, -en   view; prospect (of), chance (of)

der / die Besitzer(in), - / -nen   owner; **Hofbesitzer(in), - / -en**   owner of an estate

die Ehre, -n   honor

die Entlassung, -en   dismissal, discharge

das Gefängnis, -se   jail

der Schlag, ¨e   blow, knock, hit

der Staub (*usually sg.*)   dust

die Untersuchung, -en   investigation, examination

das Urteil, -e   judgment

die Zelle, -n   (jail) cell

die Zerstreutheit (*no pl.*)   absentmindedness

der Zustand, ¨e   situation

VERBEN

auf•fordern   to ask, demand

befreien   to free

blinken   to gleam

sich enthalten (ä), ie, a   to abstain, refrain from

fort•drängen   to urge to leave

hervor•kommen, kam hervor, hervorgekommen (*with* **sein**)   to come out

sich um•kleiden   to change one's clothes

(sich) verhüllen   to cover, veil (oneself)

verklagen   to sue, bring action against someone

verschwinden, a, u (*with* **sein**)   to disappear

sich weigern   to refuse, decline

zeigen   to show, point out; to indicate; to demonstrate

ANDERE WÖRTER UND AUSDRÜCKE

gegenwärtig   present

gleichgültig   indifferent(ly), apathetic(ally)

hauptsächlich   mainly

kahl   bare, bald

nirgends   nowhere

WORTSCHATZANWENDUNGEN

A. **Ergänzen Sie die Sätze mit einem passenden Wort bzw. passenden Wörtern aus dem aktiven Wortschatz. Verwenden Sie einen (un)bestimmten Artikel, wo es nötig ist.**

Ein junger Mann _____ _____, ein weiteres Glas Alkohol zu trinken, denn er hatte schon drei gehabt. Es war ihm eigentlich _____, ob er noch eine Zeitlang in dem Lokal bleiben sollte. Doch bald kam ein Freund und _____ ihn _____, mit ihm zu gehen. Die beiden jungen Männer stiegen in den schwarzen Porsche ein und fuhren los. Der junge Mann fuhr schneller und schneller. Er überholte viele Autos. Plötzlich stieß er mit einem anderen Auto zusammen.

Bald erschien die Polizei und nahm den jungen Autofahrer mit. Der Freund wurde ins Krankenhaus gebracht. Der Fahrer mußte drei Tage im _____ sitzen, bis ein Richter _____ _____ sprechen konnte. Seine _____ war klein und kalt. Sein Rechtsanwalt hat _____ _____ begonnen, aber sie hat nicht geholfen. Deshalb mußte er sechs Monate im Gefängnis bleiben, und _____ _____ auf eine frühe _____ war äußerst gering.

B. Lösen Sie das Kreuzworträtsel! (Benutzen Sie Wörter aus dem aktiven Wortschatz.)

SENKRECHT

1. ein Kopf ohne Haare ist _____
3. bitten
4. die Entscheidung eines Richters
5. verdecken
6. auf etwas deuten
9. entlassen, frei machen

WAAGERECHT

2. in erster Linie
5. jemandem den Prozeß machen
7. ablehnen = sich _____
8. zwinkern, funkeln, glänzen
10. ein kleiner Raum in einem Gefängnis
11. die Kleider wechseln = sich _____

Anregung zum Lesen

1

Sehen Sie sich die Zeichnungen an, und beantworten Sie die folgenden Fragen mündlich.

1. Beschreiben Sie das erste Bild. Wer wohnt dort? Sind die Leute reich?

2. Ist das Tor geschlossen oder offen?

3. Was tut das Mädchen im zweiten Bild?

4. Was tut der Junge?

5. Wer ist der Junge?

6. Was sehen Sie im dritten Bild?

7. Was wird mit dem Jungen passieren?

8. Was könnte dieses Bild mit den ersten zwei Bildern zu tun haben?

2

Hauptideen

Überfliegen Sie die folgende Geschichte, und beantworten Sie die Fragen mündlich.

1. Was ist am Hoftor passiert?

2. Wie haben die Leute des Dorfes reagiert?

3. Was hat der Bruder getan, um seiner Schwester zu helfen?

4. Warum sind die Reiter gekommen?

5. Wohin mußte der junge Mann gehen, und wie war es dort?

6. Was waren die Aussichten für den jungen Mann?

Der Schlag ans Hoftor

Es war im Sommer, ein heißer Tag. Ich kam auf dem Nachhauseweg mit meiner Schwester an einem Hoftor vorüber.° Ich weiß nicht, schlug sie aus Mutwillen° ans Tor oder aus Zerstreutheit oder drohte sie nur mit der Faust und schlug gar nicht. Hundert
5 Schritte weiter an der nach links sich wendenden Landstraße begann das Dorf. Wir kannten es nicht, aber gleich nach dem ersten Haus kamen Leute hervor und winkten uns, freundschaftlich oder warnend, selbst erschrocken, gebückt vor Schrecken. Sie zeigten nach dem Hof, an dem wir vorübergekommen waren, und
10 erinnerten uns an den Schlag ans Tor. Die Hofbesitzer werden uns verklagen, gleich werde die Untersuchung beginnen. Ich war sehr ruhig und beruhigte auch meine Schwester. Sie hatte den Schlag wahrscheinlich gar nicht getan, und hätte sie ihn getan, so wird deswegen nirgends auf der Welt ein Beweis geführt.° Ich suchte das
15 auch den Leuten um uns begreiflich zu machen, sie hörten mich an, enthielten sich aber eines Urteils. Später sagten sie, nicht nur meine Schwester, auch ich als Bruder werde angeklagt werden. Ich nickte lächelnd. Alle blickten wir zum Hofe zurück, wie man eine ferne Rauchwolke beobachtet und auf die Flamme wartet. Und
20 wirklich, bald sahen wir Reiter ins weit offene Hoftor einreiten. Staub erhob sich, verhüllte alles, nur die Spitzen der hohen Lanzen blinkten. Und kaum war die Truppe im Hof verschwunden, schien sie gleich die Pferde gewendet zu haben und war auf dem Wege zu uns. Ich drängte meine Schwester fort, ich werde alles allein ins
25 Reine bringen.° Sie weigerte sich, mich allein zu lassen. Ich sagte, sie solle sich aber wenigstens umkleiden, um in einem besseren Kleid vor die Herren zu treten. Endlich folgte sie und machte sich auf den langen Weg nach Hause. Schon waren die Reiter bei uns, noch von den Pferden herab fragten sie nach meiner Schwester. Sie
30 ist augenblicklich nicht hier, wurde ängstlich geantwortet, werde

kam . . . passed . . . by deliberately

wird . . . (legal) a case is presented

ins . . . clear up

aber später kommen. Die Antwort wurde fast gleichgültig aufgenommen;° wichtig schien vor allem, daß sie mich gefunden hatten. received, registered
Es waren hauptsächlich zwei Herren, der Richter, ein junger, lebhafter Mann, und sein stiller Gehilfe,° der Aßmann genannt assistant
35 wurde. Ich wurde aufgefordert in die Bauernstube einzutreten.
Langsam, den Kopf wiegend,° an den Hosenträgern rückend,° moving (slowly) / **an . . .** pulling at (my) suspenders
setzte ich mich unter den scharfen Blicken der Herren in Gang.° **setzte . . .** got started
Noch glaubte ich fast, ein Wort werde genügen, um mich, den
Städter, sogar noch unter Ehren, aus diesem Bauernvolk zu
40 befreien. Aber als ich die Schwelle der Stube überschritten hatte,
sagte der Richter, der vorgesprungen war und mich schon erwartete: „Dieser Mann tut mir leid." Es war aber über allem Zweifel,
daß er damit nicht meinen gegenwärtigen Zustand meinte, sondern
das, was mit mir geschehen würde. Die Stube sah einer Gefängnis
45 zelle ähnlicher als einer Bauernstube. Große Steinfliesen,° dunkel, stone tiles
ganz kahle Wand, irgendwo eingemauert° ein eiserner Ring, in der cemented into the wall
Mitte etwas, das halb Pritsche,° halb Operationstisch war. plank bed

Könnte ich noch andere Luft schmecken als die des Gefängnisses? Das ist die große Frage oder vielmehr, sie wäre es, wenn ich
50 noch Aussicht auf Entlassung hätte.

FRAGEN ZUM LESESTÜCK

1. Wann fand diese Geschichte statt?
2. Wohin wollten der junge Mann und seine Schwester gehen?
3. Woran kamen sie vorbei?
4. Was tat die Schwester vielleicht?
5. Kannten die jungen Leute dieses Dorf?
6. Was geschah, als sie ins Dorf hineinkamen?
7. Wie benahmen sich die Leute dieses Dorfes den beiden jungen Leuten gegenüber?
8. Welche Warnung sprachen die Leute aus?
9. Störte es den jungen Mann, was die Leute im Dorfe sagten?
10. Warum glaubte der Mann, daß ihm und seiner Schwester nichts passieren würde?
11. Als der junge Mann die Leute des Dorfes zu überzeugen versuchte, wie reagierten sie?
12. Als alle zurück zum Hof schauten, was kam aus der Staubwolke heraus?

13. Was machte der Mann, als er erkannte, daß die Reiter auf dem Wege zu ihnen waren?

14. Warum ging die Schwester schließlich doch nach Hause?

15. Was fragten die Reiter zuerst, als sie von den Pferden sprangen?

16. Wer waren die zwei Herren?

17. Wann wußte der Mann, was mit ihm geschehen würde?

18. Wie sah die Stube aus?

19. Als der Mann in die Stube eintrat, was sagte der Richter und was meinte er damit?

20. Mit welchen letzten Gedanken befaßte sich der Mann?

PERSÖNLICHE FRAGEN

1. Sind Sie Ihrer Meinung nach irgendwann für eine Kleinigkeit zu streng bestraft worden? Wann? Warum?

2. Haben Sie einmal irgendwann ein Gesetz übertreten, ohne dies zu wissen? Was ist passiert?

3. Würden Sie Ihre Verwandten oder Freunde verteidigen, wenn sie ein Gesetz übertreten würden? Warum oder warum nicht?

4. Wenn Sie der Bruder in dieser Geschichte wären, hätten Sie auch Ihre Schwester nach Hause geschickt? Wenn Sie die Schwester wären, wären Sie bei Ihrem Bruder geblieben?

ANREGUNGEN ZUM GESPRÄCH

1. Warum hat der Bruder nie Hilfe gesucht?

2. Warum haben die Leute im Dorf keine Hilfe angeboten?

3. Warum haben die beiden jungen Leute nicht mit dem Besitzer des Hofes gesprochen, um ihre Unschuld zu erklären?

4. Warum ist es wichtig, sauber und ordentlich vor Gericht zu erscheinen?

5. Was für Leute sind die Hofbesitzer?

6. Warum nehmen die Reiter den Bruder mit, obwohl es die Schwester war, die ans Tor geschlagen hatte?

7. Ist es wichtig, ob die Schwester wirklich ans Tor geschlagen hat oder nicht? Warum oder warum nicht?

8. Akzeptiert der junge Mann am Ende der Geschichte sein Schicksal?

9. Schauen Sie sich das zweite und das dritte Bild noch einmal an. Können Sie eine Verbindung zwischen den beiden Bildern herstellen?

ZUSAMMENFASSUNG

Schreiben Sie eine Zusammenfassung der Geschichte im Imperfekt mit etwa 100 bis 150 Wörtern. Benutzen Sie die folgenden Stichwörter:

1. Sommer / Nachhauseweg
2. Tor
3. Dorf
4. Hofbesitzer
5. anklagen
6. Reiter
7. Hof
8. Richter
9. Bauernstube
10. Gefängnis

NACHERZÄHLUNG

Verwenden Sie die Bilder und die aktiven Vokabeln, um die Geschichte mündlich wiederzuerzählen.

INTERPRETATION

1. Sind die Geschehnisse, die in dieser Geschichte vorkommen, realistisch?
2. Wie ist das Rechtssystem in dieser Geschichte aufgebaut?
3. Ist blinder Gehorsam zum Rechtssystem etwas Positives? Warum oder warum nicht?
4. Was bedeutet diese Geschichte? Was wollte Kafka damit sagen?

Kapitel 14

Verlorene Liebesmüh'

Herbert Eisenreich (1925–   )

Herbert Eisenreich was born in 1925 in Linz, Austria. At the age of 18 he was inducted into the army to fight in World War II, during which he was wounded and taken prisoner. After his release, he finished his secondary education and studied German language and literature in Vienna. Soon thereafter he began to publish. Eisenreich worked as a freelance writer in Hamburg from 1952 to 1954 and in Stuttgart from 1954 to 1956. Since 1956 he has resided in Austria.

Eisenreich's first novel, Auch in ihrer Sünde (1953), earned him recognition in literary circles because he succeeded in combining the content of the story and its manner of expression in a unique fashion. His stories are like fables in that the characters lose their identity, personality, and common reality. The usual enemy / friend dualism is not found in most of Eisenreich's works, since the story is more important to Eisenreich than the individual characters.

In 1957 Eisenreich published a collection of short stories, Böse schöne Welt, in which he expresses his constant but somewhat resigned hope that love will make all things right again. The destructive and negative elements in our world require the creation of a new order. Eisenreich has also written numerous essays as a literary critic, a volume of poetry, and three additional volumes of short stories, including Ein schöner Sieg und 21 andere Mißverständnisse (1973) from which the selection in this book was taken.

Besides the hope that love will conquer all, the author also brings the morality of artists and their agents into question. This story of unrequited love is an example of these themes.

A K T I V E R ▼ W O R T S C H A T Z

SUBSTANTIVE

der Druck, -e   printing
der Ersatz (*no pl.*)   substitute, replacement
die Kulleraugen   big and round (innocent)
   eyes
der Leib, -er   body; **der Leibwächter, -**
   bodyguard
das Lob (*no pl.*)   praise
der / die Maler(in), - / -nen   artist, painter
die Menge, -n   quantity, amount; multitude,
   crowd
die Mühe, -n   trouble, effort, bother
der Saal, Säle   hall, large room, auditorium
die Stiftung, -en   endowment, donation,
   foundation
die Subvention, -en   subsidy
die Unkosten   costs, expenses
das Vorwort, -e   foreword
der / die Wächter(in)   guard, attendant,
   watchman

VERBEN

beschriften   to inscribe, letter
entwerfen (i), a, o   to design

sich bei jemanden ein•hängen, i, a   to take
   a person's arm
fertig•stellen   to complete
gefallen (ä), ie, a   (+ *dat.*)   to be pleasing to
   someone
tippen   to type
überwachen   to supervise, oversee, control
verfassen   to write
vor•sprechen (i), a, o   to say first; to call on
   someone (at an office)
zerstreuen   to scatter (**in** + *dat.* = over);
   disperse

ANDERE WÖRTER UND AUSDRÜCKE

entsetzlich   terrible
etliche Male   several times
gerad(e)   just now, frankly
flüchtig   fleeting, careless, superficial, transient
rund   round; about, approximately
unbedingt   by all means, unconditional,
   absolute
vielfach   in many cases, frequently, multiple

W O R T S C H A T Z A N W E N D U N G E N

**A. Ergänzen Sie die Sätze mit einem passenden Wort bzw. passend-
en Wörtern aus dem aktiven Wortschatz. Verwenden Sie einen
(un)bestimmten Artikel, wo es nötig ist.**

1. Die Mutter hat sich viel _____ mit dem Essen gegeben.

2. _____ _____ hat dem Studenten Geld für das Studium gegeben.

3. Die meisten Studenten können _____ _____ ihres Studiums nicht
   selber bezahlen.

4. _____ _____ des Buches war viele Seiten lang.

5. Am Nachmittag trafen sich die Schüler in einem großen _____ in der
   Schule.

6. Mit der neuen Schreibmaschine konnte die Sekretärin schneller
   _____.

7. Der Lehrer mußte die Schüler während der Prüfung _____.

8. Er hat die Geschichte nur _____ gelesen und konnte daher die Frage nicht beantworten.

9. Man soll _____ einige Zeit in Deutschland verbringen, wenn man die Sprache wirklich lernen will.

10. Die Frau war schon _____ _____ in Deutschland, aber sie hat noch nie Neuschwanstein in Bayern gesehen.

11. Das hübsche Mädchen hatte blaue _____ und blonde Haare.

12. Als _____ für Zucker nahm sie „Nutra-Sweet".

13. Diese Geschichte _____ mir sehr, denn ich lese Liebesgeschichten gern.

14. Der Künstler hatte zwanzig Bilder in einem Monat _____.

15. Das Mädchen _____ _____ _____ ihrem Freund _____.

B. Einige von den Substantiven im aktiven Wortschatz haben verwandte Verben, und einige Verben haben auch verwandte Substantive. Sehen Sie sich die folgende Liste an; versuchen Sie die Bedeutungen dieser Wörter zu raten. Benutzen Sie jedes unterstrichene Wort in einem Satz.

beschriften   die Beschriftung, -en

der Druck   drucken

der Ersatz   ersetzen

das Lob   loben

der / die Maler(in)   malen

die Mühe   sich bemühen

die Stiftung   stiften

überwachen   die Überwachung, -en

entwerfen   der Entwurf, ¨e

verfassen   die Verfassung, -en

zerstreuen   die Zerstreuung

Anregung zum Lesen

Sehen Sie sich die Zeichnungen an, und beantworten Sie die folgenden Fragen mündlich.

1. Wo sind die beiden Menschen im ersten Bild, und was sehen sie sich an?

2. Wo sind sie im zweiten Bild? Warum sind so viele Bilder an der Wand?

3. Was passiert? Wie sind die Leute angezogen?

4. Warum küßt der Mann die Hand der Dame?

5. Wer ist der Mann mit der Dame im dritten Bild?

6. Wie sieht der alleinstehende Mann aus? Warum?

❸

Hauptideen

Überfliegen Sie die folgende Geschichte, und beantworten Sie die Fragen mündlich.

1. Woher / Wieso wußte der Mann, daß die junge Malerin ausstellen wollte?

2. Warum war er bereit, ihr zu helfen?

3. Was hat der Mann alles arrangiert?

4. Wie hat er sich ihr gegenüber verhalten?

5. Wer ist plötzlich bei der ersten Ausstellung erschienen?

6. Was hat der Mann für seine Mühe bekommen?

Verlorene Liebesmüh'

Die junge Malerin hatte ihn nicht gebeten, nur halt so gesagt, daß
sie nun gern einmal ausstellen würde; doch er, natürlich, denn sie
gefiel ihm und er war allein, grad,° er also hatte sofort sich erbötig
gemacht,° ihr etwas zu arrangieren: „Vielleicht im Kulturamt,°
5 vielleicht in der Akademie, vielleicht in der Secession,[1] oder sonst
in einer privaten Galerie, ich kenn' auch in diesem Metier° so viele
Leute, da wird sich schon jemand finden." Er war für sie im Kulturamt gewesen, für sie in der Akademie, für sie in der Secession,
für sie bei diesem und jenem Galeriebesitzer, bis endlich einer es
10 machen wollte, freilich nur gegen Ersatz der halben Unkosten für
Kataloge, Plakate und Einladungen. Sie freute sich, als sie das
hörte, und meinte, man könne die Subvention von der Kultur-
Stiftung der Industrie oder von der Kunst-Sektion des Ministeri-
ums bekommen, nur kenne sie niemanden dort, und er ging für sie
15 zu dem Sekretär der Stiftung und zu dem Ministerialrat° der
Kunst-Sektion, und nachdem er etliche Male da vorgesprochen,
dort telephoniert hatte, kriegte er wirklich das Geld, das der Galeriebesitzer haben wollte. Rund dreißig Bilder sollten es sein, und
er wählte mit ihr die Bilder aus und machte ihr Komplimente
20 dabei, und er half ihr, die Bilder in Passepartouts zu fassen° oder
zu rahmen,° und sie entwarfen gemeinsam den Katalog, für den er
ein Vorwort verfaßte, und das Plakat und die Einladungskarten,
und immerzu machte er ihr den Hof,° und sie war riesig nett zu
ihm und unendlich dankbar und sonst aber nichts, es gab ja ent-
25 setzlich viel Arbeit, und zwischendurch wollte sie noch ein Ölge-
mälde° fertigstellen, dran malte sie untertags,° während er den

= gerade

sich ... offered ... his serv-
ices / office of the department of culture
(*French = metier*) job, profession

senior official in a govern-
mental department

in ... to mount in paper
folders
frame

machte ... he courted her

oil painting / (*Austrian
dialect*) = **tagsüber**

---

[1] *here:* name of an art gallery; also the Viennese variation of the so-called
European *Jugendstil*

Druck der Kataloge, Plakate und Einladungen überwachte, und
abends dann saßen sie über der Liste all derer, die sie einladen
wollte, er tippte ihr die Adressen und sagte ihr noch eine Menge
Namen von Leuten, die unbedingt kommen sollten, und einige
Tage verbrachten sie in der Galerie, um die Bilder zu hängen und
zu beschriften, und dann wurden Weine und Cocktails bereit
gestellt, und dann war sie da, die Stunde der Vernissage.° Nun
gab's ein vielfaches Händeküssen und Händeschütteln und zahl-
lose schöne Worte, und meistens hielt er sich, wie ein Leibwächter, dicht bei ihr° und freute sich über jedes Lob, das er, wenn
man's ihr sagte, zu hören bekam: er empfand die Ausstellung ja als
sein eigenes Werk. Und dann, als die Menschen sich in dem Saal
vor die Bilder zerstreut hatten, küßte er ihre Hand, er küßte sie
ziemlich lange, zu lange fast vor so vielen Leuten, und als er, endlich, den Kopf hob, stand der ihm flüchtig bekannte Kritiker des
Express vor ihm und gab ihm die Hand und sagte: „Das war aber
riesig nett von Ihnen, daß Sie meiner lieben Freundin so sehr
geholfen haben. Ich selber hätte das niemals machen können, es
hätte ja jeder gedacht, ich tue das nur aus—na: nur aus persönlichen Gründen. Verstehen Sie?" Er murmelte etwas wie: „Ja. Ja,
ja. Ich verstehe das völlig." Denn er verstand es natürlich noch
nicht. Sie, indessen, hängte sich bei dem Kritiker ein, lehnte sich
an seine Schulter, blickte mit riesengroßen runden blauen Kulleraugen unter einem rotblond gefärbten Wuschelkopf° zu ihm auf
und sagte, mit feuchten Lippen: „Ja wirklich, Liebling, das war
schon riesig nett von ihm, wir müssen ihm wirklich dankbar sein.
Weiß Gott, was die Leute geredet hätten! Und ich bin sicher: er
versteht das." Jetzt freilich, verstand er's. Ein bißchen spät halt,
für einen Mann von bald vierzig Jahren.

(French) opening day

hielt ... stayed close to her
like ...

mop of curly hair

FRAGEN ZUM LESESTÜCK

1. Was wollte die junge Malerin?
2. Wobei half der Mann ihr?
3. Welchen Teil der Unkosten mußte der Mann auftreiben?
4. Warum ging der Mann zum Kulturamt, zur Akademie und zur Galerie?
5. Wo sollte die Ausstellung schließlich stattfinden?
6. Wie war es möglich, daß er das Geld von der Stiftung oder vom Ministerium bekam?
7. Wieviele Bilder sollte die Malerin ungefähr ausstellen?

8. Welche Arbeit machten die beiden gemeinsam?

9. Wer verfaßte das Vorwort zum Katalog?

10. Warum war die Malerin nett zu dem Mann?

11. Was wollte die Malerin noch zwischendurch machen?

12. Welche Arbeit machten die beiden in der Galerie?

13. Wie half der Mann ihr mit den Einladungen?

14. Wie verhielt er sich, als die vielen Freunde und Besucher kamen?

15. Was hielt er von der Ausstellung?

16. Warum wußte er nichts vom Kritiker?

17. Warum hat der Kritiker der Malerin nicht geholfen?

18. Was war seine Antwort darauf?

19. Wie benahm sich die Malerin dem Kritiker gegenüber?

20. Was verstand der Mann nun am Ende?

PERSÖNLICHE FRAGEN

1. Waren Sie schon einmal in einer Kunstgalerie? Was hat Ihnen dort besonders gefallen?

2. Haben Sie schon jemandem bei einer Ausstellung oder Arbeit geholfen? Wobei? Warum haben Sie dieser Person geholfen? Haben Sie etwas für Ihre Hilfe oder Mühe bekommen? Hat Ihnen die Arbeit gefallen?

3. Stellen Sie sich vor, Sie sind der ältere Mann in dieser Geschichte. Sie erfahren von der Existenz des Kritikers, als die Arbeit halb fertig ist. Helfen Sie der Malerin trotzdem weiter?

4. Glauben Sie an Liebe auf den ersten Blick? Warum oder warum nicht?

ANREGUNGEN ZUM GESPRÄCH

1. Warum tat der ältere Mann für die junge Malerin alles, was er konnte?

2. Warum konnte der Mann nicht sofort begreifen, daß die Malerin einen festen Freund hatte?

3. Hätte der Mann nicht fragen müssen, ob die Malerin einen Freund habe? Warum? Warum nicht?

4. Hätte die Malerin nicht gleich sagen müssen, daß sie einen Freund habe? War sie ehrlich? Warum (nicht)?

5. Hat der Mann in dieser Geschichte die ganze Arbeit umsonst gemacht?

6. Passiert es öfters, daß ein Mann sich in eine viel jüngere Frau verliebt? Oder eine Frau in einen viel jüngeren Mann? Ist ein großer Altersunterschied überhaupt wichtig?

7. Schauen Sie sich das zweite Bild noch einmal an. Warum, glauben Sie, küßt der Mann der jungen Malerin die Hand? Was hält sie von dem Kuß? Was bedeutet normalerweise ein Handkuß in Europa? In Amerika?

ZUSAMMENFASSUNG

Schreiben Sie eine Zusammenfassung der Geschichte im Imperfekt mit etwa 100 bis 150 Wörtern. Benutzen Sie die folgenden Stichwörter:

1. Malerin / ausstellen
2. Mann / allein
3. arrangieren
4. Galerie
5. Subvention
6. Bilder
7. Katalog
8. Liste
9. Handkuß
10. Liebling

NACHERZÄHLUNG

Verwenden Sie die Bilder und die aktiven Vokabeln, um die Geschichte mündlich wiederzuerzählen.

INTERPRETATION

1. Warum macht Liebe blind?
2. Passieren uns Dinge, ohne daß wir etwas daran ändern können?
3. Welchen Effekt hat der letzte Satz? Warum sagt Eisenreich erst am Ende wie alt der Mann ist?

Kapitel 15

Der Zaunkönig und der Bär

Jacob and Wilhelm Grimm

Jacob (1785–1863) and Wilhelm (1786–1859) Grimm were born in Hanau. Both studied law at Marburg and became professors at Göttingen. Politically active liberals, they were relieved of their positions in Göttingen because of their participation in a protest ("The Göttinger Seven") against the king of Saxony, who had tried to abolish the constitution. The brothers then continued to teach at the University of Berlin.

Wilhelm Grimm married in 1825; nevertheless, he continued to live with his brother in a common household. Jacob served as a representative in the Frankfurter parliament in 1848. Because of his extensive research and publication on literary history, he is known as the founder of modern German studies. With Wilhelm, he published Deutsche Grammatik *and began* Deutsches Wörterbuch, *which modern scholars completed in 1961. Jacob is also known for his discoveries in the field of German linguistics, such as the rules for the Germanic sound shifts.*

The brothers are probably best known for their collection of fairy tales Kinder- und Hausmärchen, *for which Wilhelm was primarily responsible. His naive and straightforward narrative style is reflected in the following story, "Der Zaunkönig und der Bär." As with many of the* Märchen, *it is a tale of smaller, weaker beings who, through their courage and intelligence, triumph over their adversary.*

A K T I V E R ▼ W O R T S C H A T Z

SUBSTANTIVE

der Ärmel, -   sleeve

der Brummbär, -en, -en (*wk.*)   (grouchy) bear

das Futter (*no pl.*)   (animal) food or feed

der Gesang, ¨e   singing; song (of birds)

die Höhle, -n   cave, hole

der Palast, ¨e   palace

die Parole, -n   password

die Schlacht, -en   battle

der Schnabel, ¨   beak

der Schwanz, ¨e   tail

der Stich, -e   sting

der Zaun, ¨e   fence

der Zaunkönig(in), -e / -nen   wren

VERBEN

berufen, ie, u   to appoint; to call or summon somebody

gucken   to peek, look

kämpfen   to fight

kriechen, o, o (*with* **sein**)   to crawl

schelten (i), a, o   to scold

um•kehren (*with* **sein**)   to turn around

verabreden   to agree upon (as a meeting date); to arrange

verhungern   to starve

verraten (ä), ie, a   to betray

(sich) versammeln   to gather

zertreten (zertritt), a, e   to crush

ANDERE WÖRTER UND AUSDRÜCKE

bang(e)   scared, frightened

erbärmlich   pitiful

ehrlich   honest

gewaltig   colossal, powerful

listig   cunning, deceitful

schlau   sly, cunning

um Verzeihung bitten (bat, gebeten)   to ask for forgiveness

zufrieden   satisfied

WORTSCHATZANWENDUNGEN

A. Ergänzen Sie die Sätze mit einem passenden Wort bzw. passenden Wörtern aus dem aktiven Wortschatz. Verwenden Sie einen (un)bestimmten Artikel, wo es nötig ist.

1. Ein Vogel frißt einen Wurm mit _____ _____.

2. Das kleine Kind _____ nach dem Ball unter den Tisch.

3. Ein Fuchs ist _____ _____ Tier.

4. Sie _____ _____ _____, weil sie auf seinen Fuß getreten war.

5. _____ _____ einer Hornisse tut weh.

6. Die Mutter _____ aus dem Fenster, weil es sehr spät wurde, und ihre Kinder noch nicht zu Hause waren.

7. Ein König wohnt gewöhnlich in _____ _____.

8. Abraham Lincoln verdiente seinen Spitznamen „Honest Abe", weil er so _____ war.

9. Der Soldat starb in _____ _____ des ersten Weltkrieges.

10. Ein Bär schläft gewöhnlich in _____ _____.

11. Wir haben uns für Dienstag _____.

12. Ein Elefant ist ein _____ Tier.

13. Benedict Arnold hatte sein Land _____.

14. _____ _____ der Wiener Sängerknaben war schön.

15. Der Student war mit seiner Note nicht _____.

B. Die folgenden Redewendungen haben alle mit Tieren zu tun. Arbeiten Sie in kleinen Gruppen und versuchen Sie, die Bedeutungen herauszufinden. Nehmen Sie ein Wörterbuch zu Hilfe, wo es nötig ist. Dann erklären Sie die Redewendungen durch Umschreibungen. Versuchen Sie außerdem an englische Äquivalente zu denken. Vergleichen Sie Ihre Resultate mit den Resultaten anderer Gruppen.

1. auf der Bärenhaut liegen

2. einen Bock schießen

3. (munter) wie ein Fisch im Wasser

4. jemandem einen Floh ins Ohr setzen

5. eine Gänsehaut bekommen

6. Mein Name ist Hase

7. mit jemandem ein Hühnchen zu rupfen haben

8. vor die Hunde gehen

9. der Katzenjammer

10. jemandem eine Laus in den Pelz setzen

11. aus einer Mücke einen Elefanten machen

12. sein Schäfchen ins Trockene bringen

13. Schwein haben

14. einen Vogel haben

Anregung zum Lesen

Sehen Sie sich die Zeichnungen an, und beantworten Sie die folgenden Fragen mündlich.

1. Welche Tiere sehen Sie im ersten Bild? Was tun sie?

2. Welche Tiere sehen Sie im zweiten Bild? Worauf warten sie?

3. Was meinen Sie, warum die Eltern nicht da sind?

4. Warum stehen die vierfüßigen Tiere im dritten Bild den fliegenden Tieren gegenüber?

5. Warum kämpfen Tiere manchmal gegeneinander?

6. Wer gewinnt meistens in den Märchen: Der Stärkere oder der Schwächere? Auf welche Weise?

❸

Hauptideen

Überfliegen Sie die folgende Geschichte, und beantworten Sie die Fragen mündlich.

1. Was wollte der Bär wissen?

2. Warum sind die jungen Vögel böse geworden?

3. Warum hat der Bär gemeint, daß die Vögel unehrlich wären?

4. Warum wollte der König einen Krieg führen?

5. Wer hat gegen den Bären gekämpft? Warum?

6. Wie haben die Vögel dann doch gewonnen?

Der Zaunkönig und der Bär

Zur Sommerzeit gingen einmal der Bär und der Wolf im Wald
spazieren; da hörte der Bär so schönen Gesang von einem Vogel
und sprach: „Bruder Wolf, was ist das für ein Vogel, der so schön
singt?"—„Das ist der König der Vögel", sagte der Wolf, „vor dem
5 müssen wir uns neigen"; es war aber der Zaunkönig. „Wenn das so
ist", sagte der Bär, „so möcht' ich auch gerne seinen königlichen
Palast sehen, komm und führe mich hin."—„Das geht nicht so,
wie du meinst", sprach der Wolf, „du mußt warten, bis die Frau
Königin kommt." Bald darauf kam die Frau Königin und hatte
10 Futter im Schnabel und der Herr König auch und wollten ihre Jungen füttern. Der Bär wäre gerne nun gleich hinterdrein° gegangen,   after (them)
aber der Wolf hielt ihn am Ärmel und sagte: „Nein, du mußt warten, bis Herr und Frau Königin wieder fort sind." Also nahmen sie
das Loch in acht,° wo das Nest stand, und trabten wieder ab.° Der   nahmen... watched the hole /
15 Bär aber hatte keine Ruhe, wollte den königlichen Palast sehen und   trabten... trotted off, left
ging nach einer kurzen Weile wieder hin. Da waren König und
Königin richtig ausgeflogen. Er guckte hinein und sah fünf oder
sechs Junge, die lagen darin. „Ist das der königliche Palast!" rief
der Bär, „das ist ein erbärmlicher Palast! Ihr seid auch keine
20 Königskinder, ihr seid unehrliche Kinder." Wie das die jungen
Zaunkönige hörten, wurden sie gewaltig bös' und schrien: „Nein,
das sind wir nicht, unsere Eltern sind ehrliche Leute; Bär, das soll
ausgemacht werden mit dir."° Dem Bär und dem Wolf ward°   das... that should be settled
angst, sie kehrten um und setzten sich in ihre Höhlen. Die jungen   with you / antiquated form
25 Zaunkönige aber schrien und lärmten fort,° und als ihre Eltern   of wurde = became
wieder Futter brachten, sagten sie: „Wir rühren kein Fliegen-   lärmten... continued to
beinchen an° und sollten wir verhungern, bis ihr erst ausgemacht   make noise
habt, ob wir ehrliche Kinder sind oder nicht—der Bär ist dagewe-   rühren... (literally) won't
sen und hat uns gescholten." Da sagte der alte König: „Seid nur   touch a fly's leg

30 ruhig das soll ausgemacht werden." Er flog darauf mit der Frau
Königin dem Bären vor seine Höhle und rief hinein: „Alter
Brummbär, warum hast du meine Kinder gescholten? Das soll dir
übel bekommen,° das wollen wir in einem blutigen Krieg ausmachen." Also war dem Bären der Krieg angekündigt, und ward alles
35 vierfüßige Getier° berufen, Ochs, Esel, Rind, Hirsch, Reh° und
was die Erde sonst alles trägt. Der Zaunkönig aber berief alles, was
in der Luft fliegt; nicht allein die Vögel, groß und klein, sondern
auch die Mücken, Hornissen, Bienen und Fliegen° mußten herbei.

Als nun die Zeit kam, wo der Krieg angehen sollte,° da schickte
40 der Zaunkönig Kundschafter° aus, wer der kommandierende
General des Feindes wäre. Die Mücke war die Listigste von allen,
schwärmte im Wald, wo der Feind sich versammelte, und setzte
sich endlich unter ein Blatt auf den Baum, wo die Parole ausge-
geben wurde. Da stand der Bär, rief den Fuchs vor sich und
45 sprach: „Fuchs du bist der Schlauste unter allem Getier, du sollst
General sein und uns anführen."—„Gut," sagte der Fuchs, „aber
was für Zeichen wollen wir verabreden?" Niemand wußte es. Da
sprach der Fuchs: „Ich habe einen schönen, langen, buschigen
Schwanz, der sieht aus fast wie ein roter Federbusch;° wenn ich
50 den Schwanz in die Höhe halte, so geht die Sache gut und ihr müßt
daraufloSmarschieren;° laß ich ihn aber herunterhängen, so lauft,
was ihr könnt." Als die Mücke das gehört hatte, flog sie wieder
heim und verriet dem Zaunkönig alles haarklein.°

Als der Tag anbrach, wo die Schlacht sollte geliefert werden,°
55 hu, da kam das vierfüßige Getier dahergerannt mit Gebraus,° daß
die Erde zitterte; der Zaunkönig mit seiner Armee kam auch durch
die Luft daher, die schnurrte,° schrie und schwärmte, daß einem
angst und bange ward; und gingen sie da von beiden Seiten anein-
ander. Der Zaunkönig aber schickte die Hornisse hinab, sie sollte
60 sich dem Fuchs unter den Schwanz setzen und aus Leibeskräften
stechen.° Wie nun der Fuchs den ersten Stich bekam, zuckte er,
daß er das eine Bein aufhob, doch ertrug er's und hielt den
Schwanz noch in die Höhe. Beim zweiten Stich mußte er ihn einen
Augenblick herunterlassen; beim dritten aber konnte er sich nicht
65 mehr halten, schrie und nahm den Schwanz zwischen die Beine.
Wie das die Tiere sahen, meinten sie, alles wäre verloren, und fin-
gen an zu laufen, jeder in seine Höhle. Und die Vögel hatten die
Schlacht gewonnen.

das . . . you will suffer for
that

= Tier / Ochs . . . ox,
donkey, cow, roebuck, deer

Mücken . . . mosquitos,
hornets, bees and flies
angehen . . . was supposed
to begin
scouts

plume

march onward

painstakingly exact
sollte . . . was supposed to
begin
roaring

hummed

aus . . . sting with all their
might

Da flog der Herr König und die Frau Königin heim zu ihren
Kindern und riefen: „Kinder, seid fröhlich, eßt und trinkt nach
Herzenslust,° wir haben den Krieg gewonnen." Die jungen Zaunkönige aber sagten: „Noch essen wir nicht, der Bär soll erst vors
Nest kommen und Abbitte tun° und soll sagen, daß wir ehrliche
Kinder sind." Da flog der Zaunkönig vor das Loch des Bären und
rief: „Brummbär, du sollst vor das Nest zu meinen Kindern gehen
und Abbitte tun und sagen, daß sie ehrliche Kinder sind, sonst sollen dir die Rippen im Leib° zertreten werden." Da kroch der Bär in
der größten Angst hin und tat Abbitte. Jetzt waren die jungen
Zaunkönige erst zufrieden, setzten sich zusammen, aßen und
tranken und machten sich lustig° bis in die späte Nacht hinein.

Margin notes:
nach . . . to (your) heart's desire

Abbitte . . . ask for forgiveness

Rippen . . . ribs in (your) body

here: enjoyed themselves *(archaic)*

FRAGEN ZUM LESESTÜCK

1. Wann gingen der Bär und der Wolf spazieren?
2. Was hörte der Bär auf einmal?
3. Was wollte der Bär sehen?
4. Wann ging der Bär wieder zum Vogelnest?
5. Wie beleidigte der Bär die jungen Vögel?
6. Was sollten die Eltern der jungen Vögel mit dem Bären tun?
7. Womit drohte der König dem Bären?
8. Wer sollte dem Bären und dem Wolf helfen?
9. Wer stand auf der Seite der Vögel?
10. Wer war das listigste Tier von allen?
11. Wo versteckte sich die Mücke? Warum?
12. Was hörte die Mücke?
13. Wer sollte die vierbeinigen Tiere führen? Warum?
14. Wozu sollte der Fuchs seinen Schwanz gebrauchen?
15. Wem erzählte die Mücke, was sie gehört hatte?
16. Wann begann der Krieg?
17. Was tat die Hornisse?
18. Was tat der Fuchs beim zweiten Stich?
19. Warum meinten die Tiere, sie hätten verloren?
20. Was mußte der Bär noch tun?

PERSÖNLICHE FRAGEN

1. Werden Sie leicht ungeduldig? Wann?

2. Haben Sie schon einmal jemanden kritisiert? Warum? Wie war die Reaktion auf Ihre Kritik?

3. Wie reagieren Sie, wenn Sie kritisiert werden?

4. Wie versuchen Sie manchmal Ihre Meinung durchzusetzen? Mit Gewalt? Mit Überredung? Mit Beispielen?

ANREGUNGEN ZUM GESPRÄCH

1. Wie benehmen sich die jungen Vögel? Ist das typisch für Kinder?

2. Hat der Zaunkönig recht gehabt, dem Bären den Krieg anzukündigen? Warum oder warum nicht?

3. Haben die Vögel fair gehandelt? Ist im Krieg alles erlaubt?

4. Kann man die eigene Meinung wirklich bei anderen Menschen durchsetzen? Was kann passieren, wenn man es mit Gewalt versucht?

5. Soll man darauf bestehen, daß der besiegte Gegner um Verzeihung bittet? Warum oder warum nicht?

6. Schauen Sie sich die Bilder noch einmal an. Woran sieht man, daß sie ein Märchen illustrieren?

ZUSAMMENFASSUNG

Schreiben Sie eine Zusammenfassung der Geschichte im Imperfekt mit etwa 50 bis 100 Wörtern. Benutzen Sie die folgenden Stichwörter:

1. Bär / Wolf / Wald

2. Vögel / Palast

3. Bär / Königin / König

4. Bär / Kinder / ärgern

5. Kinder / Eltern / passieren

6. König / Krieg

7. Spione

8. Mücken / Plan / verraten

9. Hornisse / Schwanz / verloren

10. Vögel / Tiere / Krieg

NACHERZÄHLUNG

Verwenden Sie die Bilder und die aktiven Vokabeln, um die Geschichte mündlich wiederzuerzählen.

INTERPRETATION

1. Beschreiben Sie die Persönlichkeit des Bären.
2. Warum führt man überhaupt Kriege?
3. Warum ist dieses Märchen in Wirklichkeit eine Geschichte über Menschen?
4. Hat dieses Märchen eine oder mehrere Bedeutungen? Wenn ja, was ist (sind) sie?
5. Denken Sie an andere Märchen, die Sie kennen. Haben sie alle die gleiche Absicht? Erläutern Sie Ihre Meinung.

Auf der Landungsbrücke

Sigismund von Radecki (1891–1970)

Sigismund von Radecki was born in Riga, Latvia. When, at the age of three, he saw the ocean for the first time, he reportedly ran straight for the water and was saved by his nanny just in time. This love for the sea as well as an inborn obstinacy is clearly reflected in the following selection.

Radecki attended middle school in St. Petersburg, Russia. He finished his secondary education at 17 and chose to study mining in Freiberg. However, he did not begin to study seriously until six weeks before the final exam. Much to the astonishment of his friends, he succeeded in passing it.

Radecki served in the Baltic army during World War I. After the war he traveled to France, Italy, and Scandinavia. For the next two years he worked as an electrical engineer in Berlin, then as an actor and an artist for three more years. In 1924 Radecki moved to Vienna, Austria, and became acquainted with the Austrian writer, Karl Kraus, who had a profound effect on his life. Radecki had read Kraus' works so often that he knew them by heart. During the next two years he frequently visited Kraus, and it was through these visits that he completed his real training as a writer. In 1926 Radecki returned to Berlin; he published his first volume of short stories, Der eiserne Schraubendampfer Hurricane, in 1929. A second collection, Nebenbei bemerkt, appeared in 1936. After World War II he moved to Zurich, where he worked as a freelance writer until his death in 1970.

A collection of his stories and reflections with the title Bekenntnisse einer Tintenseele (Confessions of a Writer) was published in 1980 in his honor. All together Radecki wrote about twenty books and numerous essays; all his writings generally reflect a positive view of life.

A K T I V E R ▼ W O R T S C H A T Z

SUBSTANTIVE

die Anstrengung, -en   effort
die Besatzung, -en   crew
die Bluse, -n   blouse, shirt
der Büchsenöffner, -   can opener
das Ereignis, -se   event
der / die Fabrikant(in), -en / -nen
     manufacturer
die Geschwindigkeit, -en   speed
der Korkenzieher, -   corkscrew
die Landungsbrücke, -n   landing pier or
     bridge
die Langeweile, -n   boredom
die Leidenschaft, -en   emotion, passion
der Matrose, -n / die Matrosin, -nen   sailor
das Segel, -   sail
die Sommersprossen   freckles
das Steuer, -   helm, wheel, controls
der Vorrat, ¨e   provisions, supply

VERBEN

an•fahren (ä), u, a (*with* **sein**)   to start up;
     to shout at (*with* **haben**)
sich an•klammern   to cling to
begleiten   to escort, accompany

ein•fallen (fällt ein), fiel ein, eingefallen
     (*with* **sein**) to collapse; **es fällt jemandem
     ein**   to occur to someone (as an idea)
**entgegen•nehmen (nimmt entgegen),
     nahm entgegen, entgegengenommen**
     to receive
erben   to inherit
erschießen, erschoß, erschossen   to
     shoot (dead)
ertrinken, a, u (*with* **sein**)   to drown
keuchen   to pant, gasp
nach•schauen   to look after
stolpern   to stumble
um•kreisen   to encircle
zappeln   to wriggle
zupfen   to pull, tug

ANDERE WÖRTER UND AUSDRÜCKE

(es) geht um etwas   it concerns
hartnäckig   stubborn(ly)
schrecklich   terrible
umsonst   free, for nothing
unschlüssig   indecisive

W O R T S C H A T Z A N W E N D U N G E N

**A. Ergänzen Sie die Sätze mit einem passenden Wort bzw. passend-
en Wörtern aus dem aktiven Wortschatz. Verwenden Sie einen
(un)bestimmten Artikel, wo es nötig ist.**

1. Mit etwas _____ konnte er den schweren Karton heben.

2. Am Anfang _____ man über die schwierigen Wörter.

3. Der älteste Sohn _____ das Haus der Familie und viel Geld.

4. Die Schauspielerin spielt die Rolle mit _____.

5. Die Studenten haben _____ für die Dosen mitgebracht.

6. Wenn man eine Flasche Wein trinken will, braucht man einen _____,
   um die Flasche zu öffnen.

7. Auf der Autobahn kann man manchmal mit hoher _____ fahren.

8. Die Mutter wünscht sich eine neue _____ zum Geburtstag.

9. Das Flugzeug _____ die Großstadt mehrmals bevor es landete.

10. Die Promotion an der Universität ist ein großes _____.

11. Rotkäppchen wollte bei der Großmutter _____, ob alles in Ordnung war.

12. Das ängstliche Kind _____ _____ _____ seine Mutter.

13. Für eine größere Gesellschaft braucht man genügend _____.

14. Das Kind wiederholte _____: „Nein, ich gehe *nicht* zur Schule."

15. Das Kind lutschte aus _____ an seinem Daumen, denn niemand wollte mit ihm spielen.

B. Sie kennen jetzt schon verschiedene Begriffe für Menschen und deren Art und Weise sich auszudrücken. Mit Hilfe der angegebenen Wörter bilden Sie jeweils einen Satz mit einem Substantiv und einem passenden Verb. Gebrauchen Sie dabei Ihre Phantasie, und verwenden Sie auch Adjektive und direkte / indirekte Objekte.

der Kerl	weinen
der Vater	brüllen
der Knirps	lachen
der Bursche	zurufen
der Sommersprossige	summen
der Erwachsene	zögern
der Kamerad	schelten
der Knabe	anlügen
der Lausbub	anordnen
das Mädchen	schimpfen
das Weib	schreien
der Nachbar	überreden
die Tochter	anklagen
die Mutter	bestätigen
der Matrose	schluchzen

Anregung zum Lesen

Sehen Sie sich die Zeichnungen an, und beantworten Sie die folgenden Fragen mündlich.

1. Was passiert im ersten Bild?

2. Wo sind der Mann und der Junge im zweiten Bild?

3. Was sagt der Mann wohl zu dem Jungen?

4. Wo ist das Segelschiff im dritten Bild?

5. Was hält der Junge in den Armen?

6. Warum weint er?

FRITHJOF

3

Hauptideen

Überfliegen Sie die folgende Geschichte, und beantworten Sie die Fragen mündlich.

1. Wer ist der Erzähler?

2. Was wollte der kleine Junge?

3. Wie hat der Vater auf das ständige Bitten seines Sohnes reagiert?

4. Warum hat der Vater den Jungen nach Hause geschickt?

5. Warum hat der Junge so sehr geweint?

6. Was bringt das Schicksal?

Auf der Landungsbrücke

*D*as Schrecklichste für einen kleinen Jungen ist, nicht mitgenommen zu werden.

„Vati, darf ich mitfahren?" bat er zum soundsovielten Male.

Vati aber war derweil° damit beschäftigt zu sehen, wie das rie-
5 sige graue Topsegel hochgehißt wurde,° denn jetzt im Juni wurden
die Nachmittage still und man wollte hinaus aus dem engen Fahr-
wasser,° solange noch etwas zu sehen war. Ich stand, Hände in den
Hosentaschen, auch dabei, denn wenn der *Frithjof,* die einzige
moderne Jacht des Hafens, rund um die Insel Ösel segeln wollte,
10 so war das ein Ereignis und man merkte sich alles.

„Vati, darf ich mitfahren?" bat der kleine Junge wiederum. Er
hatte einen rötlichen Haarschopf,° Sommersprossen, sehr blaue
Augen, eine blaue Bluse und kurze Hosen; er schien etwas zart. Er
hatte sich auf das Kindersystem „Steter Tropfen höhlt . . . "°
15 gelegt. Er wollte unbedingt mitfahren wie die älteren Brüder, die
in Sweatern auf Deck standen und die Vorräte von der Landungsbrücke entgegennahmen. Verrückter Kerl! dachte ich mit meinen
vierzehn Jahren. Wer wird so einen neunjährigen Knirps° auf die
„erstmalige Umseglung von Ösel" mitnehmen? Der stört doch
20 bloß beim Weintrinken, und wie Sturm aufkommt, hat er Angst.

„Vati, darf ich mitfahren?!" bat der kleine Junge hartnäckig. Er
hatte jetzt eine weinerliche Note eingelegt,° die bei Müttern allenfalls Wirkung tat, bei Vätern kaum.

„Sind die Weinkörbe mit dem Bordeaux° und dem Piesporter°
25 festgezurrt?° Wo sind die Büchsenöffner und die Korkenzieher?
Ist die Petroleumkanne für den Primus° gut zugeschraubt?"°—
brüllte Vati vom Landungssteg hinunter, ohne auf das Gewinsel°
zu achten. Hier ging es um wichtige Dinge. Brüllen war seine
Sache. Man ist nicht umsonst der einzige Fabrikant auf der Insel.

---

at that time
hochgehißt . . . was hoisted

shipping channel

shock of hair

Steter . . . (*literally*) (a) steady drop (of water) wears (one) down

kid

hatte . . . began whining

wines
tied down
portable cooker / screwed on
whining

160

30   Jetzt saß das Topsegel endlich. Die ungeheure Segelfläche ragte° hoch über die Landungsbrücke, hoch über das Bootshaus in den Himmel hinauf, und schlaff flatterte von der Gaffel° die Jachtklubflagge. Jetzt bekam ich fast selber Lust, mitzufahren.

ungeheure . . . large sail (cloth) surface towered

schlaff . . . flapped loosely from the gaff (*nautical*)

„Vati, darf ich mitfahren?!" bat der kleine Junge wiederum
35   und zupfte den Vater am Hosenbein. Jetzt war schon wirklich Seelenangst darin. Der Vater schien ihn zum erstenmal zu bemerken:
„Aber du kannst doch nicht; du bist doch zu klein; es ist doch kein Platz da!"—fuhr er ihn ärgerlich an; doch es lag irgend etwas Sanfteres in der Stimme, an das sich der Junge mit Leidenschaft
40   klammerte.

„Ich kann, ich kann, ich nehm' gar keinen Platz weg, ich schlafe auf Deck—bitte, Vati, nu bitte—!"

„Klöhn° doch nicht so, es geht nicht!" rief einer der Brüder aus der Kajüte° heraus.

(*Low German dialect*) talk
cabin berth

45   Jetzt schien Vati unschlüssig. „Bitte, bitte, bitte— —!" rief der Sommersprossige schnell, mit einem entzückten Hoffnungsklang° in der Stimme.

sound of hope

„Ist denn nu alles klar,° Herr Berensson?"—rief Vati hinunter. Der alte Berensson umfaßte° fünf Segel, totes und laufendes Gut,°
50   Verdeck,° Kajüte, Beiboot mit einem Seemannsblick: „Alles klar!"

Ist . . . Is everything ready . . .
glanced at / (*nautical*) rigging
(*nautical*) deck

„Also dann lauf' nach Hause und hol' schnell deine warmen Sachen!" rief Vati fast unwillig dem kleinen Jungen zu.—
„Danke!"—schrie der Knirps, schon im Weglaufen. So habe ich noch nie einen laufen sehen—die nackten Beine flogen auf dem
55   langen Hafendamm,° bis der zappelnde Punkt endlich im Grün der Parkbäume verschwunden war.

harbor causeway or pier

Jetzt setzte sich Vati eine seemännische Kopfbedeckung, so eine Art Kapitänsmütze mit Goldgeflecht° auf, steckte sich eine Pfeife an, ging langsam die Treppe zur Jacht hinunter und nahm
60   bequem im Cockpit beim Steuer Platz.

gold emblem with a wickerwork pattern

„Alle Mann an Bord?" fragte er.

„Alle Mann an Bord!" kam es stramm° zurück.

snappily

„Also dann: loswerfen,° Herr Berensson.

cast off

Das ungeheure graue Segel löste sich unmerklich vom Brückenbord, neigte sich ein wenig und begann langsam, kleiner
65   zu werden. Eine Seeschwalbe° kreiste wie aus Langeweile einmal um die Mastspitze. Lange schauten wir nach, der alte Berensson und ich. Man kann nicht anders, man muß ein abfahrendes Schiff begleiten—mit den Augen, mit den Gedanken. Bis es ein
70   Punkt wird.

swallow, martin

Dann schaute ich mich um und sah, wie sich von den Park-
bäumen ein anderer Punkt loslöste und auf dem Hafendamm
näherkam. Er kam mit großer Geschwindigkeit näher. Jetzt
konnte man ihn bereits erkennen: Ach ja, es war der Sommer-
75 sprossige. Aber nun, auf der Hälfte des Weges, schien er nicht
mehr so schnell zu laufen; ja, er stolperte fast im Schritt, doch
immer noch auf das Bootshaus zu. Weinen konnte man ihn nicht
hören, aber man sah es am Aufzucken.° Er hatte dieselben nackten   starting convulsively
Füße, jedoch beide Arme voll mit wollenen Sachen. Immer näher   (sobbing)
80 kam er auf das Bootshaus zu, als ob es da noch eine Hoffnung
gäbe. Aber die Geschichte war ja doch klar: das Segel war nicht
mehr da. „Sind—sie—weggefahren— —?" fragte er. Aber die Ant-
wort strömte° ihm ja schon selber übers ganze Gesicht, das noch   streamed
von der Anstrengung des Laufens keuchte. Er weinte so, daß ihm
85 die Tränen zu Mund und Nase wieder hereinliefen.

Was soll man da noch sagen? Der alte Berensson nahm die
Pfeife aus dem Munde und wies mit ihr auf einen kaum sichtbaren
Punkt da draußen. Dann spuckte er kunstvoll hinunter ins Wasser,
worauf sich drei Stachelfische° um die Stelle versammelten. Dann   spiny-finned fish
90 stand der Sommersprossige, beide Arme voll wollener Sachen, eine
Weile schweratmend da und ging endlich langsam nach Hause.
Und man hatte gar keine Lust, ihm nachzublicken.—

Warum ich das alles erzähle? Weil mir gerade eingefallen ist,
daß sie jetzt, nach gut fünfunddreißig Jahren, alle tot sind: der alte
95 Berensson, der Vater, die Söhne, die ganze Besatzung—die einen
von Natur, die anderen erschossen, oder von Matrosen ins Wasser
geworfen, oder auch beim Segeln ertrunken. Jedenfalls sind sie alle
weg. Nur er, dem es widerfuhr,° und ich, der es sah, wir leben   befell
noch. Und so hat der sommersprossige Knirps alles geerbt: die
100 Fabrik, den Weinkeller und auch die alte Jacht *Frithjof* mit dem
riesigen grauen Segel. Aber wer kann das vorher wissen?

FRAGEN ZUM LESESTÜCK

1. Was ist für kleine Jungen schrecklich?

2. Womit war der Vater beschäftigt?

3. Was war so besonders an der *Frithjof*?

4. Warum war diese Segelfahrt ein Ereignis?

5. Wie sah der Junge aus?

6. Wann hätte der Neunjährige gestört?

7. Wann hätte der Neunjährige Angst gehabt?

8. Was wollte der Vater wissen?

9. Was war der Vater für ein Mann?

10. Was war der Vater von Beruf?

11. Was fragte der Junge immer wieder?

12. Warum achtete der Vater zuerst nicht auf das Kind?

13. Was sagte der Vater dann zu dem Neunjährigen?

14. Was meinte einer der Brüder?

15. Was bedeutete „Alles klar"?

16. Was sollte der Kleine von zu Hause schnell holen?

17. Was tat der Vater dann?

18. Wer kam dann schnell wieder zurück?

19. Wer bestätigte dem Jungen, daß der Vater schon fort war?

20. Was war das Schicksal der Besatzung nach fünfunddreißig Jahren?

PERSÖNLICHE FRAGEN

1. Waren Sie schon einmal auf einem Segelboot? Einem größeren oder einem kleineren? Segeln Sie gern?

2. Haben Ihre Eltern Sie je zu Hause gelassen, als Sie auf irgendeiner Reise mitfahren wollten? Wie haben Sie darauf reagiert?

3. Haben Ihre Eltern oder Freunde Sie mal betrogen? Wie?

4. Was hätten Sie getan, wenn Sie der Vater gewesen wären, und der Junge wirklich zu klein war mitzufahren?

ANREGUNGEN ZUM GESPRÄCH

1. Wie hätte der Neunjährige es anders mit seinem Vater versuchen sollen?

2. Was wäre vielleicht geschehen, wenn der Neunjährige mitgefahren wäre? Warum?

3. Glaubte der jüngste Sohn, daß er mitgenommen werden würde? Woher wissen Sie das?

4. Hatte der Vater den neunjährigen Sohn angelogen? Wie hätte er es anders tun können? Warum hat er einfach nicht „nein" gesagt?

5. Diese Geschichte beginnt: „Das Schrecklichste für einen kleinen Jungen. . ." Ist das wahr? Ist es ebenso wichtig für kleine Mädchen, vom Vater mitgenommen zu werden? Von der Mutter?

6. Wäre der Junge getröstet, wenn er wüßte, daß die Jacht und alles andere ihm eines Tages gehören würde? Wäre seine Enttäuschung dann nicht so groß? Warum oder warum nicht?

7. Schauen Sie sich das zweite Bild noch einmal an, und beschreiben Sie den Vater. Was halten Sie von ihm?

ZUSAMMENFASSUNG

Schreiben Sie eine Zusammenfassung der Geschichte im Imperfekt mit etwa 100 bis 150 Wörtern. Benutzen Sie die folgenden Stichwörter:

1. Junge / Insel
2. Erzähler / Ereignis
3. Vorrat / entgegennehmen
4. Junge / stören / Sturm
5. Vater / Junge
6. nach Hause / Sachen
7. überblicken / loswerfen
8. Schiff / Junge
9. 35 Jahre später
10. Junge / erben

NACHERZÄHLUNG

Verwenden Sie die Bilder und die aktiven Vokabeln, um die Geschichte mündlich wiederzuerzählen.

INTERPRETATION

1. Kommt öfters alles anders, als man es erwartet?
2. Warum benutzt Sigismund von Radecki einen Erzähler für diese Geschichte?

Kapitel 17

Sein letzter Irrtum

Alfred Polgar (1873–1955)

Alfred Polgar was born in Vienna, Austria, where he studied music, piano construction, and journalism. In 1925 he moved to Berlin. There he wrote plays and worked for the Weltbühne; *at the same time he began to collect his essays and critiques. These were published in four volumes, which appeared in 1926 and 1927. His writings continued to be published until the book burning at the Berlin opera square in 1933. Polgar then returned to Vienna, moved to Paris in 1938, and emigrated to the United States in 1940. In 1947 he went back to Europe, to Zurich, where he died eight years later.*

Polgar wrote mainly short prose selections, yet his ability as a writer ranks him with the well-known authors of modern German literature. Ich bin Zeuge *(1928) and* Schwarz auf Weiß *(1928) contain examples of his observations, short stories, and anecdotes. Their refinement of style is unique. Polgar worked on his writings much like a sculptor chiselling stone: his special talent was that he could reduce ten pages to one page and capture the essence of the story. He also had a keen sense of humor, irony, and satire, with which he exposed questionable attitudes. As the following selection, "Sein letzter Irrtum," will show, Polgar liked to surprise the reader with a* Pointe *or punch line. Because he became an American citizen, it is possible that he is also poking fun at himself in this story.*

A K T I V E R ▼ W O R T S C H A T Z

SUBSTANTIVE

der Brauch, ¨e custom, tradition

der / die Bürger(in), - / -nen citizen; town / city dweller

das Ergebnis, -se result

das Gedränge crowd; jostling

der Irrtum, ¨er mistake, error

die Masern measles

die Neuheit, -en novelty; innovation

der / die Redakteur(in), -e / -nen editor

der Schädel, - skull

die Schilderung, -en description; portrayal

das Stockwerk, -e floor, story

der Vorgang, ¨e event, occurrence; process

die Wochenschrift, -en weekly (magazine or periodical)

der Zweck, -e purpose

VERBEN

aus•pfeifen, pfiff aus, ausgepfiffen to hiss at

durch•fallen (ä), ie, a (*with* **sein**) to fall through; to fail

ein•strömen (*with* **sein**) to pour or flood (into)

ein•werfen (i), a, o to break, smash; to interject

ersparen to save; **(jemandem / sich etwas)** to spare or save (somebody or oneself something)

hinterlassen, hinterläßt, hinterließ, hinterlassen to leave behind

klar•legen to make clear, explain

plazieren to put, place, position

verärgern to annoy or anger

wählen to choose, elect, vote

zögern to hesitate

zurück•lehnen to lean back

ANDERE WÖRTER UND AUSDRÜCKE

aufregend exciting

aufrichtig sincere; honest

einen Fauxpas begehen, beging, begangen to make a faux pas (a social blunder)

gemütlich comfortable; cozy; good-natured

grell flashy, glaring

hingegen however; on the other hand

klug clever, intelligent

nach Luft schnappen to gasp for air

pleite broke

überflüssig superfluous

üblich usual, customary

(un)ehelich (il)legitimate

(un)geduldig (im)patient(ly)

(un)passend (un)suitable, (in)appropriate

wehmütig melancholic(ally), wistful(ly)

zuverlässig dependable, reliable

W O R T S C H A T Z A N W E N D U N G E N

A. Ergänzen Sie die Sätze mit einem passenden Wort bzw. passenden Wörtern aus dem aktiven Wortschatz. Verwenden Sie einen (un)bestimmten Artikel, wo es nötig ist.

1. *Stern* ist eine deutsche _____.

2. Obwohl er sehr _____ war, blieb er einmal in der Schule sitzen.

3. Ältere Leute sprechen oft _____ über die guten alten Zeiten.

4. Studenten und Schüler sind öfters _____, und müssen daher die Eltern um Geld bitten.

5. Der Mann wartete _____ auf seine Frau, weil das Konzert in zwei Minuten beginnen sollte.

6. Zu welchem _____ reiste er so oft nach Deutschland?

7. Es gibt viele kleine _____ Kaffeehäuser in Österreich.

8. Der arme Mann hat seinen Kindern nichts _____, als er starb.

9. _____ _____ einer deutschen Stadt wie München sind stolz auf ihre Heimat.

10. Jeder Mensch begeht ab und zu _____ _____.

11. Das Kind durfte nicht in die Schule, weil es _____ hatte.

12. Es ist _____, daß man jeden Tag deutsche Hausaufgaben machen muß.

13. Es gibt Menschen, die immer ungeduldig sind, und man kann sie sehr leicht _____.

14. Alle vier Jahre _____ die Bürger der Vereinigten Staaten einen Präsidenten.

15. In Deutschland ist es _____, Blumen mitzunehmen, wenn man Bekannte oder Verwandte besucht.

B. Sie haben jetzt schon viele Adjektive und ihre Antonyme gesehen. Finden Sie ein passendes Antonym in Spalte B für jedes Wort in Spalte A.

A	B
aufregend	unehrlich
lustig	häßlich
aufrichtig	dumm
arm	faul
wehmütig	finster
eifrig	selten
gescheit	flach
schläfrig	traurig
früh	munter
steil	notwendig
überflüssig	langweilig
üblich	reich
reizend	spät
grell	fröhlich

Anregung zum *Lesen*

Sehen Sie sich die Zeichnungen an, und beantworten Sie die folgenden Fragen mündlich.

1. Wo ist der Mann im ersten Bild?

2. Was macht er am Schreibtisch?

3. Im zweiten Bild, was hält der eine Mann in den Händen?

4. Wie sieht er aus?

5. Worüber diskutieren die beiden?

6. Warum sieht der Mann im dritten Bild so verärgert aus?

7. Was will er tun?

Hauptideen

Überfliegen Sie die folgende Geschichte, und beantworten Sie die Fragen mündlich.

1. Wer ist Herr Gladham? Herr Bederich?

2. Warum ist Herr Bederich zu Herrn Gladham gegangen?

3. Was hat Herr Gladham mit dem Manuskript getan?

4. Warum hat Herr Gladham gemeint, daß sich das Manuskript nicht in Amerika verkaufen ließe? (Geben Sie einige Beispiele.)

5. Was hat Herr Bederich am Ende der Geschichte getan?

Sein letzter Irrtum

Mr. Gladham Fröhlich, Redakteur in Diensten der populären Wochenschrift *Panorama,* hielt ein Manuskript des ihm aus europäischen Tagen gut bekannten Mr. Bederich in der linken Hand. In der rechten hielt er einen Rotstift.

5 Das Manuskript, mit Spuren bedeckt, die der Rotstift hinterlassen hatte, sah aus, als ob es Masern hätte.

„I'm sorry, aber Sie sind nichts für Amerika", sagte Gladham dem alten Kollegen aus Europa. „Das will ich Ihnen an Hand° der °on the basis of siebenundzwanzig Stories, über die Sie meine aufrichtige Ansicht
10 erbeten° haben, klarlegen. Nehmen wir gleich die erste beste hier: °requested Sein letzter Irrtum."

„Es ist meine beste."

„Well! Das erspart uns die Beschäftigung mit den übrigen sechsundzwanzig."

15 Mr. Gladham lehnte sich in den Stuhl zurück, plazierte seine Plattfüße auf den Schreibtisch, schob den Hut auf die hinterste Rundung seines Schädels. Er war erst seit kurzem Bürger der Vereinigten Staaten und bestrebt,° die Neuheit seines Amerikanertums °endeavors durch die Intensität seines Amerikanertums wettzumachen.° °to make up for

20 „Ihre Geschichte", begann er seine Kritik an Bederichs Manuskript, „vermeidet grelle Farben, erspart dem Leser die Schilderung aufregender Vorgänge und wirkt überhaupt beruhigend auf das Nervensystem."

Der Autor murmelte ein kleinlautes „Nun also".

25 „Nun also", fuhr Mr. Gladham fort, „derlei° Geschichten wer- °such, that kind of den in Amerika von wenigen Leuten geschrieben und von noch viel weniger Leuten gelesen, schon deshalb, weil sie, wie zum Beispiel die Ihrige da, bestimmt niemals gedruckt werden."

„Vielleicht könnte ich . . . ändern", warf Herr Bederich ein.

30 „Ändern?" Gladham lächelte. „O boy! Wenn Sie ändern wollten, was zu ändern ist, bliebe kaum mehr von Ihrer Arbeit übrig
als der Titel. Sehen Sie zum Beispiel gleich hier. Hier schrieben Sie:
‚Er hieb° ihm mit seinem Stock über den Schädel.' Ein guter Satz.   hit, clobbered
Ein sehr guter Satz. Unanfechtbar.° Aber was war das für ein   incontestable
35 Stock? Ein billiger oder ein teurer? Darüber verlieren Sie kein
Wort, erzählen hingegen, was der Mann mit dem Stock sich bei
dem Hieb gedacht hat. Hier verlangt man von einer Story Tatsachen. Man verlangt, daß in ihr Faktum sich an Faktum reiht wie
Stein an Stein auf einer gut gepflasterten° Straße. Auf Ihrer Straße,   paved
40 lieber Freund, sind die Ritzen° zwischen den Steinen breiter als   cracks
diese, und viel überflüssiges Gras wächst aus ihnen."

„Und daheim haben sie mich Asphaltliterat geschimpft!"
dachte wehmütig Herr Bederich.

„Weiter. Ihr Held sitzt stundenlang in einem gemütlichen Kaf-
45 feehaus. In Amerika gibt es kein Kaffeehaus, in dem man stundenlang sitzt, und wenn es eins gäbe, wäre es nicht gemütlich, und
wenn es gemütlich wäre, wäre es längst pleite. Wenn in Ihrer Story
zwei Leute einander begegnen, schütteln sie sich die Hand. Das tut
man hierzulande° nicht. Ihr Held empfängt von seinem Gegner   in this country
50 eine Ohrfeige.° In Amerika wird geboxt, nicht geohrfeigt. Ihr   a slap on or around the ears
Held stellt die Schuhe zum Putzen° vor die Tür seines Hotelzim-   (or face)
mers. In Amerika ist das nicht üblich. Ihre Heldin hat ein uneheli-   **zum . . .** for polishing
ches Kind. In Amerika gibt es keine unehelichen Kinder,
zumindest nicht in Magazinstories. Sie lassen in der Garderobe des
55 Theaters ein großes Gedränge bei der Kleiderabgabe entstehen. In
Amerika nimmt der Theaterbesucher seine Überkleider in den
Zuschauerraum mit."

„Auch den nassen Regenschirm?"

„Auch den nassen Regenschirm. Sie lassen einen europäischen
60 Schauspieler hier innerhalb eines Vierteljahres dreimal durchfallen.
Das gibt es in Amerika nicht. In Amerika muß der durchgefallene
europäische Schauspieler sechs Monate warten, bis er wieder
durchfallen darf. Auch wird er nicht, wie das in Ihrer Story
geschieht, ausgepfiffen, sondern ausgebooht. Und hier, was für ein
65 Einfall!, hier lassen Sie einen alten, weisen Amerikaner sagen: ‚So
etwas gibt es nicht in Amerika.' Aber kein alter, weiser Amerikaner würde so etwas sagen, denn es gibt nichts, was es in Amerika
nicht gibt."

Es war ein milder Herbsttag. Durch das Fenster des im zwei-
70 unddreißigsten Stockwerk gelegenen° Office des Mr. Gladham   situated

strömte ozeanisch kräftige Luft ein. Dennoch standen Schweiß-
tropfen auf Bederichs Stirn.

    Mr. Gladham fuhr fort in seiner Aufzählung° der Story-   *enumeration*
Irrtümer, betreffend° Amerikas Bräuche, Anschauungen,° Manie-   *concerning / views /*
75 ren, Geschmack,° Methoden und Tabus. „Um es kurz zu fassen",°   *taste /* **Um** *. . . to be brief*
resümierte er, „Was in Ihrer Geschichte getan wird, das tut man
nicht in Amerika. Wie in ihr geliebt wird, so liebt man nicht in
Amerika. Wie in ihr gelacht und geweint wird, so lacht bezie-
hungsweise° weint man nicht in Amerika. Wie in ihr gelebt und   *respectively*
80 gestorben wird, so lebt und stirbt man nicht in Amerika."

    Bederich schnappte nach Luft. Um besser schnappen zu kön-
nen, stand er auf und ging ans Fenster. „Das Klügste wird wohl
sein", sagte er mit unpassender Bitterkeit, „ich nehme meine
Manuskripte und werfe sie ins Klosett."°   *toilet*
85   „Hierzulande wirft man nichts ins Klosett, Mr. Bederich."

    „Es war nicht buchstäblich° gemeint, Mr. Gladham."   *literally*

    „In Amerika drückt man sich exakt aus, Mr. Bederich."

    Bederich stand beim Fenster, sah zu den Wolken hinauf. „Oh,
du lieber Himmel!" wollte er rufen, zögerte aber und fragte vor-
90 sichtig erst: „Gibt es einen lieben Himmel in Amerika?"

    „Darüber kann ich Ihnen keine zuverlässige Auskunft geben",
erwiderte, leicht pikiert,° Mr. Gladham, „aber wenn es Sie interes-   *irritated, peeved*
siert, will ich bei unserem Research Department anfragen." Und er
hob den Telefonhörer ab.

95   Mr. Bederich war zu nervös, um das Ergebnis der Anfrage
abzuwarten. Ungeduldig, Gladhams Office zu verlassen, wählte er
den zu diesem Zweck kürzesten Weg, den durch das Fenster.

    „In Amerika springt man nicht aus dem Fenster!!" schrie, jetzt
schon wirklich verärgert, Mr. Gladham ihm nach.

100   Aber Bederich, bereits beim siebenten Stockwerk unten ange-
langt,° hörte das nicht mehr. Und so blieb ihm das peinliche   *arrived at*
Bewußtsein° erspart, noch in seiner letzten amerikanischen Minute   *awareness*
einen europäischen Fauxpas begangen zu haben.

FRAGEN ZUM LESESTÜCK

  1. Wo arbeitete Herr Gladham Fröhlich?

  2. Woher kannten sich die beiden Männer?

  3. Was hatte es zu bedeuten, daß das Manuskript aussah, als ob es
     „Masern" hätte?

4. Was meinte Herr Gladham mit der Bemerkung: „Sie sind nichts für Amerika"?

5. Welche Geschichte las Herr Gladham zuerst? Warum?

6. Was tat Herr Gladham mit seinen Füßen? Warum?

7. Was kritisierte Herr Gladham zuerst an Herrn Bederichs Manuskript?

8. Was meinte der Redakteur, als er sagte: „Derlei Geschichten werden in Amerika von wenigen Leuten geschrieben und von noch viel weniger Leuten gelesen"?

9. Was war Herrn Bederichs Antwort auf die Kritik von Herrn Gladham?

10. Was würde übrigbleiben, wenn Herr Bederich seine Arbeit ändern würde?

11. Was beschrieb Herr Bederich in seinem Manuskript?

12. Wo kann man in Deutschland stundenlang sitzen, aber in Amerika nicht? Warum?

13. Was tun Deutsche, wenn sie einander begegnen?

14. Warum stellt man die Schuhe vors Hotelzimmer?

15. Wo soll es keine unehelichen Kinder geben?

16. Was tun Deutsche mit einem nassen Regenschirm beim Theaterbesuch?

17. Wie oft ließen die Deutschen einen Schauspieler durchfallen?

18. Was würde ein weiser Amerikaner nicht sagen? Warum?

19. Warum ging Herr Bederich an das Fenster?

20. Warum war auch Herrn Bederichs letzte Tat ein Irrtum?

PERSÖNLICHE FRAGEN

1. Was für Geschichten lesen Sie gern in Ihrer Freizeit?

2. Haben Sie schon einmal eine Arbeit geschrieben, die dann nachher aussah, als ob sie „Masern" hätte? Wie haben Sie reagiert?

3. Haben Sie schon einmal versucht, etwas in einer Zeitung oder Zeitschrift zu veröffentlichen? Wenn ja, erzählen Sie von dieser Erfahrung.

4. Was tun Sie, wenn Sie Freunden oder Bekannten begegnen? Ist das typisch für Amerikaner?

5. Haben Sie einen Schauspieler, Sänger oder Sportler je ausgebooht? Warum?

6. Was halten Sie von Herrn Gladham? Finden Sie ihn lustig? (Un)sympatisch? Warum?

ANREGUNGEN ZUM GESPRÄCH

1. Was sagt Ihnen der Name „Gladham Fröhlich"? Hat er sich immer so genannt? Warum hat er seinen Namen geändert?

2. Hätte Herr Bederich eine andere Geschichte vorschlagen sollen?

3. Warum hat Herr Bederich 27 Geschichten geschrieben, ehe er sich erkundigt hat, ob ein Redakteur diese Geschichten gutheißen würde?

4. Warum nannte man Herrn Bederich „Asphaltliterat"?

5. Sind alle Bräuche, die der Autor erwähnt, noch aktuell? Welche treffen nicht mehr zu? Stimmen einige überhaupt nicht?

6. In welcher Stadt spielt sich diese Geschichte ab? Wie wissen wir das?

7. Warum muß Herr Gladham beim Research Department anfragen, ob es einen lieben Himmel in Amerika gibt?

ZUSAMMENFASSUNG

Schreiben Sie eine Zusammenfassung der Geschichte im Imperfekt mit etwa 100 bis 150 Wörtern. Benutzen Sie die folgenden Stichwörter:

1. Redakteur / Autor
2. Ansicht
3. Schreibtisch
4. Bürger / Neuheit
5. ändern
6. Bräuche in Amerika / Deutschland
7. Kritik
8. nach Luft schnappen
9. 32. Stockwerk
10. Fauxpas begehen

NACHERZÄHLUNG

Verwenden Sie die Bilder und die aktiven Vokabeln, um die Geschichte mündlich wiederzuerzählen. *Oder* **erzählen Sie die Geschichte vom Standpunkt des Redakteurs aus.**

INTERPRETATION

1. Warum war Herr Gladham so streng mit einem altbekannten Kollegen aus Europa?

2. Ist Herrn Gladhams Haltung typisch für ausgewanderte Europäer, die nun Amerikaner sind?

3. Wieso ist „. . . es gibt nichts was es in Amerika nicht gibt" ironisch für diese Geschichte?

4. Ist diese Geschichte wirklich eine Kritik an Amerikanern? An Deutschen? An Verlegern? Begründen Sie Ihre Antwort.

Kapitel 18

Ein verächtlicher Blick

Kurt Kusenberg (1904–1983)

Kurt Kusenberg, son of a German engineer, was born in 1904 in Göteberg, Sweden. For eight years of his childhood he lived in Lisbon, Portugal. Later he studied art history at the universities of Munich, Berlin, and Freiburg, establishing himself as a writer, an art critic, an art historian, and an editor. His popularity as a writer of fiction is based on his early volumes of short stories: Mal was anderes *(1954),* Wo ist Onkel Bertram? *(1956),* Nicht zu glauben *(1960), and others.*

Most of Kusenberg's stories fall somewhere between the fairy tale and the tall tale. The usual order of the world is turned upside down, making the reader wonder what is real and what is fiction. His short stories are reminiscent of those of the American writer O. Henry, who wrote humorous stories with a Pointe *or twist. Some of Kusenberg's stories also remind one of the cool and calculating stories of Edgar Allen Poe, yet they allow free reign for the reader's imagination. This framework often leads to a negative image of reality, which is not meant to be descriptive of the status quo, but rather to stand in sharp contrast to reality so that it can be better seen by the reader.*

"Ein verächtlicher Blick" is typical of Kusenberg's style. In it he makes fun of the hierarchial justice system in which the policemen blindly obey the orders of the chief of police and thus allow the "hero" to escape.

A K T I V E R ▼ W O R T S C H A T Z

SUBSTANTIVE

das Amt, ¨er office; duty, task
die Ausnahme, -n exception
die Bedingung, -en requirement, condition
der Friseur, -e / die Friseuse, -n
barber / hairdresser
das Geständnis, -se confession
das Gewissen (*no pl.*) conscience
die Kneipe, -n bar, saloon
die Pflicht, -en duty
der Postbote, -n / Postbotin, -nen mail
carrier
der Wachtmeister(in), - / -nen officer,
patrolman
der Zufall, ¨e chance, accident

VERBEN

ab•lösen to take off; to take the place of; to
take turns
an•ordnen to order; to arrange
an•wenden, a, a (auf + *acc.* = on) to use
bedenken, bedachte, bedacht to consider,
think about
beschädigen to damage
durch•halten (ä), ie, a to survive; to stick it
out to the end
durch•schreiten, schritt durch,
durchgeschritten (*with* **sein**) to stride
through
ein•kehren (*with* **sein**) to stop (for a meal,
etc.)

ein•schalten to turn on
empfangen (ä), i, a to receive; to welcome
feiern to celebrate
froh•locken (über + *acc.* = over, at)
to rejoice
kränken to insult, offend
läuten to ring
nach•holen to make up for; to pick up later;
to overtake
stocken to pause, stop
stützen to support; **sich auf**
jemandem / etwas stützen to lean on
somebody / something
summen to hum, buzz
unterrichten to teach, inform
verhaften to arrest
vor•weisen, ie, ie to show, produce

ANDERE WÖRTER UND AUSDRÜCKE

bedauernswert pitiful
beliebig any
drollig funny, comical(ly)
es laufen (ä), ie, au Gerüchte um rumors
are going around
freilich to be sure
geringschätzig contemptuous
grob coarse, rough; dirty; rude
gründlich thorough(ly)
lässig casual(ly); careless(ly)
unschuldig innocent
verächtlich contemptuous(ly), scornful(ly)

WORTSCHATZANWENDUNGEN

**A. Ergänzen Sie die Sätze mit einem passenden Wort bzw. passend-
en Wörtern aus dem aktiven Wortschatz. Verwenden Sie einen
(un)bestimmten Artikel, wo es nötig ist.**

1. _____ _____ hielt das Auto an und bat um einen Ausweis.

2. Manchmal bringt _____ _____ einen Brief, manchmal bringt er ein
Paket.

3. Wie soll man diese Vokabeln richtig _____?

4. In der deutschen Grammatik gibt es viele _____.

5. Der kleine Hund sah sehr _____ aus mit dem bunten Hut auf dem Kopf.

6. Es ist nur _____ _____, daß die zwei Schulkameraden in der gleichen Stadt wohnen.

7. Der Detektiv untersuchte das Haus _____, aber er konnte keine Spur von dem Dieb finden.

8. Nach einer langen Reise _____ die Touristen bei einem Gasthof _____.

9. Der jüngere Wachtmeister _____ den älteren um neun Uhr _____.

10. Der Richter hörte sich _____ _____ des Mädchens an.

11. Der letzte Tornado _____ viele Häuser.

12. Jeden Sonntag um neun _____ die Kirchenglocken.

13. Der Schüler mußte ein ganzes Schuljahr _____, weil er öfters krank war.

14. Die Männer, die an der Straße arbeiteten, sahen sehr _____ aus.

15. Sie sah den Mann _____ an, weil er den Hund mehrmals mit dem Fuß getreten hat.

B. Es gibt viele Substantive und Verben, die man als Adverbien und Adjektive gebrauchen kann, indem man die Endung: *-lich* hinzufügt. Gebrauchen Sie jedes Wort in Spalte B in einem Satz.

A	B
Schreck	schrecklich
vertrauen	vertraulich
ertragen	erträglich
nützen	nützlich
ärgern	ägerlich
bedrohen	bedrohlich
fürchten	fürchterlich
deuten	deutlich
Bewegung	beweglich
Tatsache	tatsächlich
Pein	peinlich
ausstehen	unausstehlich
Hauptsache	hauptsächlich
Leidenschaft	leidenschaftlich
Ehre	ehrlich
verachten	verächtlich
Grund	gründlich
feiern	feierlich
bedenken	bedenklich

Anregung zum Lesen

Sehen Sie sich die Zeichnungen an, und beantworten Sie die folgenden Fragen mündlich.

1. Wo sind die beiden Männer im ersten Bild?

2. Wie sieht der Mann mit dem Bart den Polizisten an?

3. Wie wird der Polizist auf den Blick des Mannes reagieren?

4. Wo sind diese zwei Männer im zweiten Bild?

5. Warum sitzt der Mann auf dem Stuhl? Was ist hier los?

6. Wohin will der Polizist im dritten Bild?

7. Wer ist wahrscheinlich im Flugzeug? Wohin wird er fliegen?

Hauptideen

Überfliegen Sie die folgende Geschichte, und beantworten Sie die Fragen mündlich.

1. Worüber hat sich Wachtmeister Kerzig beklagt?

2. Wie hat der Polizeipräsident darauf reagiert?

3. Was ist mit den rotbärtigen Männern im Polizeirevier passiert?

4. Wohin wollte der rotbärtige Mann reisen?

5. Was mußte der Rotbärtige tun, bevor er abreisen konnte? Geben Sie zwei Beispiele.

6. Wieso hat der Polizeipräsident den verdächtigen Mann nicht erkannt?

7. Wie ist der Mann der Polizei entkommen?

Ein verächtlicher Blick

Das Telefon summte, der Polizeipräsident nahm den Hörer auf.
„Ja?"

„Hier spricht Wachtmeister Kerzig. Soeben hat ein Passant
mich verächtlich angeschaut."

5 „Vielleicht irren Sie", gab der Polizeipräsident zu bedenken.
„Fast jeder, der einem Polizisten begegnet, hat ein schlechtes
Gewissen und blickt an ihm vorbei. Das nimmt sich dann wie
Geringschätzung aus."

„Nein", sprach der Wachtmeister. „So war es nicht. Er hat
10 mich verächtlich gemustert, von der Mütze bis zu den Stiefeln."

„Warum haben Sie ihn nicht verhaftet?"

„Ich war zu bestürzt.° Als ich die Kränkung erkannte, war der   filled with consternation
Mann verschwunden."

„Würden Sie ihn wiedererkennen?"

15 „Gewiß. Er trägt einen roten Bart."

„Wie fühlen Sie sich?"

„Ziemlich elend."

„Halten Sie durch, ich lasse Sie ablösen."

Der Polizeipräsident schaltete das Mikrofon ein. Er entsandte
20 einen Krankenwagen in Kerzigs Revier° und ordnete an, daß man   precinct
alle rotbärtigen Bürger verhafte.

Die Funkstreifen° waren gerade im Einsatz,° als der Befehl sie   police radio patrol / in action
erreichte. Zwei von ihnen feierten in einer Kneipe den Geburtstag   (on the beat)
des Wirtes, drei halfen einem Kameraden beim Umzug,° und die   beim . . . with (the) moving
25 übrigen machten Einkäufe. Kaum aber hatten sie vernommen, um
was es ging, preschten° sie mit ihren Wagen in den Kern° der Stadt.   dashed / center

Sie riegelten Straßen ab,° eine um die andere, und kämmten sie   riegelten . . . cordoned or
durch. Sie liefen in die Geschäfte, in die Gaststätten, in die Häuser,   blocked off
und wo sie einen Rotbart aufspürten,° zerrten sie ihn fort. Überall   tracked down

---

180

30 stockte der Verkehr. Das Geheul der Sirenen erschreckte die
Bevölkerung,° und es liefen Gerüchte um, die Hetzjagd° gelte
einem Massenmörder.

Wenige Stunden nach Beginn des Kesseltreibens° war die
Beute° ansehnlich;° achtundfünfzig rotbärtige Männer hatte man
35 ins Polizeipräsidium° gebracht. Auf zwei Krankenwärter° gestützt,
schritt Wachtmeister Kerzig die Verdächtigen ab,° doch den Täter
erkannte er nicht wieder. Der Polizeipräsident schob es auf° Kerzigs Zustand und befahl, daß man die Häftlinge verhöre.° „Wenn
sie", meinte er, „in *dieser* Sache unschuldig sind, haben sie
40 bestimmt etwas anderes auf dem Kerbholz.° Verhöre sind immer
ergiebig.“°

Ja, das waren sie wohl, jedenfalls in jener Stadt. Man glaube
jedoch nicht, daß die Verhörten mißhandelt wurden; so grob ging
es nicht zu, die Methoden waren feiner. Seit langer Zeit hatte die
45 Geheimpolizei durch unauffälliges° Befragen der Verwandten und
Feinde jedes Bürgers eine Kartei angelegt,° aus der man erfuhr, was
ihm besonders widerstand: das Rattern von Stemmbohrern,°
grelles Licht, Karbolgeruch,° nordische Volkslieder, der Anblick
enthäuteter° Ratten, schlüpfrige° Witze, Hundegebell, Berührung
50 mit Fliegenleim,° und so fort. Gründlich angewandt, taten die Mit-
tel meist ihre Wirkung: sie entpreßten° den Befragten Geständ-
nisse, echte und falsche, wie es gerade kam, und die Polizei
frohlockte. Solches stand nun den achtundfünfzig Männern bevor.

Der Mann, dem die Jagd galt, befand sich längst wieder in sei-
55 ner Wohnung. Als die Polizisten bei ihm läuteten, hörte er es
nicht, weil er Wasser in die Badewanne strömen ließ. Wohl aber
hörte er, nachdem das Bad bereitet war, den Postboten klingeln
und empfing von ihm ein Telegramm. Die Nachricht war erfreu-
lich,° man bot ihm einen guten Posten im Ausland an—freilich
60 unter der Bedingung, daß er sofort abreise.

„Gut", sagte der Mann. „Gut. Jetzt sind zwei Dinge zu tun:
der Bart muß verschwinden, denn ich bin ihn leid,° und ein Paß
muß her, denn ich habe keinen." Er nahm sein Bad, genüßlich,
und kleidete sich wieder an. Dem Festtag zu Ehren, wählte er eine
65 besonders hübsche Krawatte. Er ließ sich durchs Telefon sagen, zu
welcher Stunde er auf ein Flugzeug rechnen könne. Er verließ das
Haus, durchschritt einige Straßen, in die wieder Ruhe eingekehrt
war, und trat bei einem Friseur ein. Als dieser sein Werk verrich-
tet° hatte, begab der Mann sich ins Polizeipräsidium, denn nur
70 dort, das wußte er, war in sehr kurzer Frist ein Paß zu erlangen.

Glossary (right margin):

population / hunt

hunt using a circle of police
booty, catch / considerable
police headquarters / orderlies
schritt . . . inspected
schob . . . put the blame on . . .
die . . . interrogate the pris-
oners
haben . . . have done something else wrong
productive

inconspicuous
eine . . . started a file card
jack hammers
smell of carbolic acid
skinned / lewd
lime for catching flies
forced

pleasant, gratifying

ich . . . I'm tired of it

performed

Hier ist nachzuholen, daß der Mann den Polizisten in der Tat
geringschätzig angeschaut hatte—deshalb nämlich, weil Kerzig seinem Vetter Egon ungemein glich.° Für diesen Vetter, der nichts
taugte° und ihm Geld schuldete, empfand der Mann Verachtung,
und die war nun, als er Kerzig gewahrte,° ungewollt in seinen
Blick hineingeraten.° Kerzig hatte also richtig beobachtet, gegen
seine Meldung konnte man nichts einwenden.°

Ein Zufall wollte es, daß der Mann beim Eintritt ins Polizeipräsidium erneut dem Polizisten begegnete, der ihn an Vetter Egon
erinnerte. Dieses Mal aber wandte er, um den Anderen nicht zu
kränken, seine Augen rasch von ihm ab. Hinzu kam, daß es dem
Armen offenbar nicht gut ging; zwei Wärter geleiteten ihn zu
einem Krankenwagen.

So einfach, wie der Mann es gewähnt,° ließ sich die Sache mit
dem Paß nicht an.° Es half nichts, daß er mancherlei Papiere bei
sich führte, daß er das Telegramm vorwies: die vermessene° Hast
des Unternehmens° erschreckte den Paßbeamten.

„Ein Paß", erklärte er, „ist ein wichtiges Dokument. Ihn aus-
zufertigen,° verlangt viel Zeit."

Der Mann nickte. „So mag es in der Regel sein. Aber jede
Regel hat Ausnahmen."

„Ich kann den Fall nicht entscheiden", sagte der Beamte. „Das
kann nur der Polizeipräsident."

„Dann soll er es tun."

Der Beamte kramte die Papiere zusammen° und erhob sich.
„Kommen Sie mit", sprach er. „Wir gehen den kürzesten Weg—
durch die Amtszimmer."

Sie durchquerten drei oder vier Räume, in denen lauter rotbärtige Männer saßen. „Drollig", dachte der Mann. „Ich wußte nicht,
daß es ihrer so viele gibt. Und nun gehöre ich nicht mehr dazu."

Wie so mancher Despot, gab der Polizeipräsident sich gern
weltmännisch.° Nachdem der Beamte ihn unterrichtet hatte, ent-
ließ er ihn und hieß den Besucher Platz nehmen. Diesem fiel es
nicht leicht, ein Lächeln aufzubringen, denn der Polizeipräsident
ähnelte seinem Vetter Arthur, den er gleichfalls nicht mochte.
Doch die Muskeln, die ein Lächeln bewirken,° taten brav ihre
Pflicht—es ging ja um den Paß.

„Kleine Beamte", sprach der Polizeipräsident, „sind ängstlich
und meiden jede Entscheidung. Selbstverständlich bekommen Sie
den Paß, sofort, auf der Stelle. Ihre Berufung° nach Istanbul ist
eine Ehre für unsere Stadt. Ich gratuliere." Er drückte einen Stempel in den Paß und unterschrieb.

ungemein . . . greatly
  resembled
nichts . . . was good for
  nothing
became aware of
in . . . get into
object to

imagined
ließ . . . began
presumptuous
undertaking, venture

to issue

kramte . . . gathered together

sophisticated

cause

appointment

Lässig, als sei es ein beliebiges Heftchen, reichte er seinem Besucher das Dokument. „Sie tragen da", sprach er, „eine besonders hübsche Krawatte. Ein Stadtplan—nicht wahr?"

„Ja", erwiderte der Mann. „Es ist der Stadtplan von Istanbul."

„Reizender Einfall. Und nun—"der Polizeipräsident stand auf und reichte dem Mann die Hand—„wünsche ich Ihnen eine gute Reise." Er geleitete den Besucher zur Tür, winkte ihm freundlich nach und begab sich in die Räume, wo man die Häftlinge vernahm.°

Ihre Pein° zu kürzen, hatten die Bedauernswerten manches Delikt eingestanden,° nur jenes nicht, dessen man sie bezichtigte.° „Weitermachen!" befahl der Polizeipräsident und ging zum Mittagessen.

Bei seiner Rückkehr fand er eine Meldung vor. Ein Friseur hatte ausgesagt, er habe am Vormittag einen Kunden auf dessen Wunsch seines roten Bartes entledigt.° Den Mann selbst könne er nicht beschreiben, doch erinnere er sich eines auffälligen Kleidungsstückes: einer Krawatte mit einem Stadtplan.

„Ich Esel!" schrie der Polizeipräsident. Er eilte die Treppe hinunter, zwei Stufen mit jedem Satz. Im Hof stand wartend sein Wagen. „Zum Flugplatz!" rief er dem Fahrer zu und warf sich auf den Rücksitz.

Der Fahrer tat, was er vermochte. Er überfuhr zwei Hunde, zwei Tauben° und eine Katze, er schrammte° eine Straßenbahn, beschädigte einen Handwagen mit Altpapier und erschreckte Hunderte von Passanten. Als er sein Ziel erreichte, erhob sich weit draußen, auf die Sekunde pünktlich, das Flugzeug nach Istanbul von der Rollbahn.°

Margin glosses:
- *here:* interrogated
- suffering, torment
- **Delikt . . .** confessed (to) . . . crime or offence/ accused (of)
- rid of
- pigeons / scratched, scraped
- runway

FRAGEN ZUM LESESTÜCK

1. Was tat ein Passant angeblich?
2. Welche Erklärung gab der Polizeipräsident für den verächtlichen Blick?
3. Warum verhaftete der Polizist den Passanten nicht?
4. Warum ließ der Polizeipräsident den Polizisten ablösen?
5. Was ordnete der Polizeipräsident jetzt an?
6. Was taten die Funkstreifen, als sie den Befehl des Polizeipräsidenten hörten?
7. Wie führten die Polizisten den Befehl aus?

8. Welche Methoden gebrauchte man, um die Gefangenen zu verhören?

9. Warum frohlockte die Polizei?

10. Warum fand die Polizei den Rotbärtigen nicht zu Hause?

11. Welche Nachricht brachte ihm der Postbote?

12. Wieso war dieser Tag ein Festtag?

13. Wohin muß der rotbärtige Mann zuerst?

14. Wohin ging er danach?

15. Warum erkannte Wachtmeister Kerzig ihn nicht?

16. An wen erinnerte ihn Kerzig?

17. Wie behandelte der Polizeipräsident den Mann?

18. Woher wußte der Polizeipräsident nachher, daß der Mann doch der richtige war?

19. Was versuchte der Polizeipräsident zu tun?

20. Was sah er, als er den Flughafen erreichte?

PERSÖNLICHE FRAGEN

1. Haben Sie jemals einen Reisepaß besessen? Wie kann man ihn schnellstens bekommen?

2. Haben Sie schon einmal Kontakt mit der Polizei oder anderen Beamten gehabt? Warum? Wie war der Polizist / Beamte (menschlich, grob, häßlich, intelligent, usw.)?

3. Was halten Sie von Beamten, die ihre Arbeit langsam oder sehr genau tun?

4. Was tun Sie, wenn Sie jemanden sehen, den Sie nicht leiden können?

5. Wie fühlen Sie sich, wenn jemand Sie verächtlich oder unfreundlich anblickt? Wie reagieren Sie?

ANREGUNGEN ZUM GESPRÄCH

1. Ist es normal, was die Polizisten in dieser Geschichte taten? Ist die Darstellung von den Polizisten überhaupt richtig? Teilweise richtig? Vollkommen falsch? Benehmen sich Polizisten in einer Großstadt anders als die in einer Kleinstadt?

2. Warum werden die Methoden der Polizei so genau beschrieben? Was sagt dies über die Polizei in dieser Geschichte aus?

3. Soll man mehr Respekt vor der Polizei, als vor anderen Leuten haben? Warum (nicht)?

4. Warum war der rotbärtige Passant nicht aus der Ruhe zu bringen? Ist dies etwas Positives?

5. Der Polizist hat gesagt: „Fast jeder. . . hat ein schlechtes Gewissen." Stimmt das? Kann der Blick eines Polizisten in jemandem ein schlechtes Gewissen erwecken? Wenn ja, warum?

6. Hatte die Polizei das Recht, alle rotbärtigen Männer zu verhaften? Hätte sie das Recht, wenn es um etwas Ernstes ginge (z.B. um einen Mord)?

ZUSAMMENFASSUNG

Schreiben Sie eine kurze Zusammenfassung im Imperfekt mit etwa 200 Wörtern, indem Sie die Geschichte von Wachtmeister Kerzigs Standpunkt aus erzählen. *Oder* erzählen Sie die Geschichte vom Standpunkt des Polizeipräsidenten aus.

NACHERZÄHLUNG

Verwenden Sie die Bilder und die aktiven Vokabeln, um die Geschichte mündlich wiederzuerzählen.

INTERPRETATION

1. Welche Rolle spielt der Zufall in dieser Geschichte?

2. Wieso ist diese Erzählung eine Satire über die Obrigkeit und die Beamten? Nennen Sie zwei Beispiele aus dem Text.

3. Ist etwas Wahres an dieser Geschichte? Leidet manchmal eine ganze Gruppe von Menschen, oder wird eine ganze Gruppe von Menschen von der Polizei mißhandelt, wenn nur eine einzige Person etwas Dummes oder Falsches getan hat? Mißbraucht die Polizei oft ihre Macht? Geben Sie Beispiele.

Principal Parts of Strong and Irregular Verbs

befehlen (ie), a, o   to order
beginnen, a, o   to begin
beißen, biß, gebissen   to bite
bergen (i), a, o   to rescue; to hold; to hide
bewegen, o, o   to move; to inspire
biegen, o, o   to bend
bieten, o, o   to offer
binden, a, u   to bind, tie
bitten, bat, gebeten   to ask
blasen (ä), ie, a   to blow
bleiben, blieb, geblieben (ist)   to remain
braten (ä), ie, a   to roast; to bake; to fry
brechen (i), a, o   to break
brennen, brannte, gebrannt   to burn
bringen, brachte, gebracht   to bring
denken, dachte, gedacht   to think
dringen, a, u (ist)   to penetrate
dürfen (darf), durfte, gedurft   may, be permitted to
empfehlen (ie), a, o   to recommend
essen (ißt), aß, gegessen   to eat
fahren (ä), u, a (hat *or* **ist)**   to drive
fallen (ä), ie, a (ist)   to fall
fangen (ä), i, a   to catch
finden, a, u   to find
fliegen, o, o (hat *or* **ist)**   to fly
fliehen, o, o   to flee; to escape
fließen, o, o   to flow; to move
fressen (frißt), fraß, gefressen   to feed, to eat (sl. for humans)
frieren, o, o (hat *or* **ist)**   to freeze
gebären (gebiert), gebar, geboren   to give birth to; to bear
geben (i), a, e   to give
gedeihen, ie, ie (ist)   to thrive; to develop
gehen, ging, gegangen (ist)   to go
gelingen, a, u (ist)   to succeed
gelten (i), a, o   to be valid, be in force; to concern

genießen, genoß, genossen   to enjoy; to eat; to drink
geschehen (ie), a, e (ist)   to happen
gewinnen, a, o   to win
gießen (gießt), goß, gegossen   to pour; to spill
gleichen, i, i   to be like
gleiten (gleitet), glitt, geglitten (ist)   to glide; to pass; to slide; to slip
greifen, griff, gegriffen   to grab, seize
graben (ä), u, a   to dig; to cut; to mine
haben (hat), hatte, gehabt   to have
halten (ä), ie, a   to hold, stop
hängen, i, a *(vi)*   to hang
hauen, haute (hieb), gehauen   to hit, belt, clobber
heben, o, o   to lift
heißen, hieß, geheißen   to be called
helfen (i), a, o   to help
kennen, a, a   to know
klingen, a, u   to sound
kommen, kam, gekommen (ist)   to come
können (kann), konnte, gekonnt   can, to be able to
kriechen, o, o (ist)   to crawl
laden (ä), u, a   to load
lassen (läßt), ließ, gelassen   to stop; to let
laufen (äu), ie, au (ist)   to run, go
leiden, litt, gelitten   to suffer
leihen, ie, ie   to lend; to loan; to hire
lesen (ie), a, e   to read
liegen, a, e   to lie; to be situated
lügen, o, o   to lie, tell a falsehood
meiden, ie, ie   to avoid
messen (mißt), maß, gemessen   to measure; to gauge; to judge
mögen (mag), mochte, gemocht   to like
müssen (muß), mußte, gemußt   must, to have to

nehmen (nimmt), nahm, genommen to take
nennen, nannte, genannt to name
pfeifen, pfiff, gepfiffen to whistle
raten (ä), ie, a to guess
reiben, ie, ie to rub, scour, grind
reißen, riß, gerissen to tear; to pull
reiten (reitet), ritt, geritten (ist) to ride
rennen, rannte, gerannt (ist) to run
riechen, o, o to smell
rufen, ie, u to call; to yell
schaffen, schuf, geschaffen to create
scheiden, ie, ie to separate; **(ist)** to part
scheinen, ie, ie to appear, shine, seem
schelten, a, o to scold
schieben, o, o to push, shove
schießen, schoß, geschossen to shoot
schlafen (ä), ie, a to sleep
schlagen (ä), u, a to hit, strike
schleichen, i, i (ist) to creep, sneak
schließen, schloß, geschlossen to close
schmelzen (i), o, o (ist) to melt
schneiden, schnitt, geschnitten to cut
schrecken (schrickt), schrak, geschrocken (ist) (*or regular*) to startle
schreiben, ie, ie to write
schreien, ie, ie to cry, scream
schreiten, schritt, geschritten (ist) to stride, march
schweigen, ie, ie to be quiet
schwimmen, a, o (ist) to swim
schwinden, a, u (ist) to disappear
schwingen, a, u to swing; to wave
schwören, o, o to swear
sehen (ie), a, e to see
sein (ist), war, gewesen (ist) to be
senden, sandte, gesandt (*or regular*) to send
singen, a, u to sing
sinken, a, u (ist) to sink
sitzen, saß, gesessen to sit
sollen (soll), sollte, gesollt should, to be supposed to
sprechen (i), a, o to speak
springen, a, u (ist) to jump
stechen (i), a, o to sting
stehen, stand, gestanden to stand
stehlen (ie), a, o to steal
steigen, ie, ie (ist) to climb, rise
sterben (i), a, o (ist) to die
stinken, a, u to stink, reek

stoßen (ö), ie, o to push, thrust, shove, kick, hit
streichen, i, i to eliminate; to cross out
streiten, stritt, gestritten to argue; to fight
tragen (ä), u, a to carry; to wear
treffen (trifft), traf, getroffen to meet; to hit
treiben, ie, ie (ist) to drive, propel
treten (tritt), trat, getreten to kick; **(ist)** to step
trinken, a, u to drink
trügen, o, o to deceive
tun (tut), tat, getan to do
verderben (i), a, o to spoil; **(ist)** to become spoiled
vergessen (vergißt), vergaß, vergessen to forget
verlieren, o, o to lose
wachsen (ä), u, a (ist) to grow
waschen (ä), u, a to wash
weisen, ie, ie to show, point
wenden, wendete (wandte), gewendet (gewandt) to turn
werben (i), a, o to recruit
werden (wird), wurde (ward), geworden (ist) to become
werfen (i), a, o to throw
wiegen, o, o to weigh; to rock (gently)
winden, a, u to wind; to bind
wissen (weiß), wußte, gewußt to know
wollen (will), wollte, gewollt to want to
zeihen, ie, ie to accuse
ziehen, zog, gezogen to pull
zwingen, a, u to force, compel

German-English Vocabulary

This vocabulary consists of (1) all words from the *Aktiver Wortschatz* of each chapter; (2) any new words used in the exercises; and (3) the 1000 most high-frequency words in modern German short stories.[1] Definitions include the most common meanings of each word, as well as any specific context in which that word may occur in this reader.

The words from the high-frequency list are marked with an asterisk (*). A raised dot (˚) following an entry indicates that it is irregular; you should refer to its basic form in the list of principal parts on pp. 187–188. In addition, the following information is provided:

1. Verbs that take the auxiliary *sein* are indicated by (*ist*); similarly, those verbs that may take either *haben* or *sein* are followed by (*hat* or *ist*).

2. Separable verbs are indicated by a bullet: *an•fangen*.

3. Reflexive verbs are preceded by *sich*. If the verb can be used nonreflexively with the same meaning, (*sich*) is used.

4. If a verb requires an accusative object, this structure is indicated by *jdn.* or (*acc.*); a dative object is shown by *jdm.* or (*dat.*).

5. Noun plurals are indicated unless the noun occurs only in the plural or a plural form does not exist (shown by *no pl.*).

6. Weak nouns and adjectival nouns are also indicated.

7. Related entries are listed together, with nouns immediately following their related verbs. A ≈ indicates that the same word or stem is to be substituted, for example, „Die Ahnung: keine ≈ von etwas haben."

8. The following abbreviations are used:

acc.	accusative	*o.s.*	oneself
adj.	adjectival	*pl.*	plural
conj.	conjunction	*sg.*	singular
dat.	dative	*sl.*	slang
gen.	genitive	*s.o.*	someone
jdm.	jemandem	*s.t.*	something
jdn.	jemanden	*wk.*	weak
n.	noun		

---

[1]George A. C. Scherer, *Final Report of the Director on Word Frequency in the Modern German Short Story* (Boulder: University of Colorado, 1965), pp. 18–33.

*ab off, away, down, from
ab•brechen° **(hat)** to break off
(s.t.); **(ist)** to break off
ab•dichten to make tight, seal up
*der Abend, -e evening;
*abends in the evening
aber but, though (*conj.*), again
die Abfahrt, -en departure
der Abgang (*no pl.*) departure, exit
ab•hängen° to take down;
(von) depend (up)on s.t.
ab•heben° to lift (up); to take off;
to pick up; to stand out
ab•lehnen to refuse
ab•leiten to derive, deduce
ab•lenken to deflect, turn aside or
away
ab•lösen to take off; to take the
place of; to take turns
*ab•nehmen° to take off, take
away
das Abonnement, -s season
ticket, subscription
ab•schließen° to lock (up)
ab•sehen° to copy s.t. from s.o.;
to cheat; to foresee
die Absicht, -en intention;
purpose
ab•spielen to play; **sich ≈** to
happen
der Abstand, ⸚e distance; gap
ab•stellen to turn off
ab•stoßen° to push off or away
ab•warten to wait for s.t.
ab•wenden° (*also regular;* **hat** *or*
ist) to turn (away)
ab•winken° to wave (s.o. or s.t.)
aside
*ach oh
ähneln to resemble;
*ähnlich similar
ahnen to have a presentiment of;
to suspect; to surmise
die Ahnung, -en notion, idea;
keine ≈ (von etwas) haben
to have no idea (about s.t.)
*all all; **alle** all, everything,
everybody; all gone, empty
*allein alone, only, but
*allerdings to be sure
*allgemein generally
*allmählich gradually
alltäglich daily, ordinary
*als than, as
*also so, thus, therefore
*alt old; **≈modisch** old-
fashioned; ***der/die Alte, -n,**
-n old person
der Altersunterschied, -e
difference in age

das Amt, ⸚er office; duty, task
*an on, at, to
an•bieten° to offer
*der Anblick, -e look, appearance
ändern to change, alter; **die**
Änderung, -en change
*anders different
an•fahren° **(ist)** to start (up);
(hat) to shout
*an•fangen° to begin
an•fassen to touch; to tackle, go
about
das Angebot, -e offer
*an•gehen° to concern, approach,
turn on; **es geht mich (dich)**
nichts an! it has nothing to do
with me (you)!
die Angelegenheit, -en affair,
business
angeln (nach) to fish; to grope
(for)
angemessen suitable
*angenehm pleasant
*die Angst, ⸚e fear
an•klagen to accuse
an•klammern to cling to
*an•kommen° **(ist)** to arrive; **es**
kommt darauf an (ist) it
depends on, it matters
an•kündigen to announce; to
advertise
die Ankunft, ⸚e arrival
an•lügen° to lie to
*an•nehmen° to accept, assume
an•ordnen to order
die Anregung, -en stimulus, idea
an•schaffen to buy s.t.; **die**
Anschaffung, -en purchase
an•schalten to turn on
*an•schauen to look at
an•schlagen° to strike up
an•schleppen to bring along; to
drag along
anschließend afterwards;
following
der Anschluß, *pl.* **die**
Anschlüsse connection
*an•sehen° to look at, consider;
jdn. groß ≈ look at s.o. with
surprise
die Ansicht, -en picture, diagram;
view, opinion
anständig proper, decent
*an•starren to stare at
an•stecken to pin on; to light
an•stoßen° to bump into (s.t.)
an•streichen° to paint
die Anstrengung, -en effort
*antworten to answer; ***die**
Antwort, -en answer

an•wenden° to use,
(auf + acc. = on)
*(sich) an•ziehen° to dress (o.s.)
*an•zünden to light
*arbeiten to work; ***die Arbeit,**
-en work, job
ärgern to annoy, anger; **sich**
(über etwas/jdn.) ≈ to be/get
annoyed (about s.t./s.o.); **der**
Ärger (*no pl.*) annoyance
*arm poor; ***der Arm, -e** arm
der Ärmel, - sleeve
*die Art, -en kind, sort, type
*der Arzt, ⸚e; die Ärztin, -nen
physician
*atmen to breathe; ***der Atem,** *pl.*
Atemzüge breath
*auch also
*auf on, upon, in, at
auf•brechen° **(ist)** to break up; to
(burst) open
auf•fallen° to be striking
auf•fordern to ask, demand
*auf•geben° to give up, mail,
assign
*auf•gehen° **(ist)** to rise, dissolve,
open
*auf•heben° to lift, preserve,
abolish
*auf•hören to stop
*auf•machen to open
*auf•nehmen° to admit; to take
a photograph; **die Aufnahme, -n**
photograph, reception, admission
*auf•passen to pay attention; to
watch out
die Aufregung, -en excitement;
aufregend exciting
*auf•reißen° to rip open
*auf•richten to raise up; **sich ≈**
to raise o.s. up; to sit up
aufrichtig sincere; honest
der Aufsatz, ⸚e essay,
composition
auf•saugen° (*also regular*) to
suck up, absorb
auf•schlagen° to open (a book);
to hit, strike
*auf•sehen° to look up
*auf•springen° **(ist)** to jump, fly
open
*auf•stehen° **(ist)** to get up
*auf•steigen° **(ist)** to climb, rise
*auf•tauchen **(ist)** to emerge,
surface
auf•tauen to thaw; to become
talkative, sociable
auf•treiben° to find, get hold of;
(ist) to rise
aufwärts upward(s)

auf•weisen° to show
auf•ziehen° to pull open
*das Auge, -n eye
*der Augenblick, -e moment
*aus out of
aus•brechen° (ist) to break out
*(sich) aus•breiten to spread (o.s.) out
aus•dehnen to spread out, expand, extend
der Ausdruck, ¨e expression, term
ausgerechnet just, exactly; it would have to be
*aus•halten° to endure
sich aus•kennen° to know one's way around
aus•kommen° to get by; to manage
die Auskunft, *pl.* die Auskünfte information; **das ≈sbüro, -s** information office
aus•lachen to laugh at
das Ausland foreign countries
aus•laufen° (ist) to run out
die Ausnahme, -n exception
aus•nützen to use, make use of; to exploit
aus•pfeifen° to hiss at
die Ausrede, -n excuse
ausreichend sufficient
aus•rutschen (ist) to slip
aus•sagen to say; to testify
aus•schicken to send out
*aus•sehen° to look, appear; **die Aussicht, -en** view, prospect (of), chance (of)
*außen outside; **von außen** from outside
*außerdem besides
aus•stellen to exhibit; **die Ausstellung, -en** fair; exhibit
der Ausweis, -e identity card; **sich ausweisen°** to identify o.s.
auswendig lernen to learn by heart, memorize
aus•ziehen to take off; **(ist)** to move out; **sich ≈** to undress

die Badewanne, -n bath tub
die Bahn, -en path, track; ***der ≈hof, ¨e** train station; **der ≈svorstand** (*no pl.*) station master
*bald soon
bang(e) scared, frightened
*die Bank, ¨e bench; ***≈, -en** bank
der Baß, *pl.* Bässe bass (voice)

der Bau, -ten building, construction, structure
der Bauch, ¨e stomach; abdomen
*der Bauer, -n; die Bäuerin, -nen farmer; **die ≈nstube, -n** farmhouse parlor
*der Baum, ¨e tree
beachten to heed, follow
der Beamte, -n, -n (*adj. n.*); **die Beamtin, -nen** civil servant
sich bedanken to thank s.o.
bedauern to regret, feel or be sorry for; **≈swert** pitiful
bedenken° to consider, think about
*bedeuten to mean; **die Bedeutung, -en** meaning, importance
die Bedingung, -en requirement
bedrohlich dangerous, alarming, threatening
sich befassen (mit etwas/jdm.) to deal with (s.t./s.o.)
*befehlen° to order; ***der Befehl, -e** order
*sich befinden° to be situated; to be in a state
befreien to free
befühlen to feel, run one's hands over s.t.
*sich begeben° to set out; to occur
*begegnen to meet
die Begeisterung (*no pl.*) enthusiasm, inspiration
*beginnen° to begin
begleiten to follow, accompany
*begreifen° to comprehend, understand; **der Begriff, -e** concept, idea
*behalten° to keep
*behaupten to maintain, claim; **sich ≈** to assert o.s.
*beide both
*das Bein, -e leg
*beinahe almost
das Beispiel, -e example; **beispielsweise** for example
*bekannt (well) known
*bekommen° to receive, get
beleidigen to hurt, s.o.'s feelings, insult
beliebig any
*bemerken to notice; **die Bemerkung, -en** remark, comment
bemühen to try hard; ***sich ≈** to endeavor
benachbart neighboring
das Benehmen (*no pl.*) behavior

beneiden to envy
benutzen to use
das Benzin, -e gasoline
*beobachten to observe
*bereit ready, prepared; ***≈s** already; **≈willig** willing, eager
*der Berg, -e mountain
*berichten to report
berufen° to appoint; to call or summon s.o.; ***der Beruf, -e** profession
(sich) beruhigen to calm (down), comfort
*berühren to touch
die Besatzung, -en crew
beschädigen to damage
*(sich) beschäftigen (mit etwas) to occupy (o.s.) (with s.t.); to employ
Bescheid wissen° to be informed, know what is happening
beschimpfen to insult, scold
*beschließen° to decide
beschreiben° to describe
beschriften to inscribe, letter
die Besessenheit (*no pl.*) obsession
besiegen to defeat, conquer
*besitzen° to possess; **der/die Besitzer/in, -/-nen** owner
*besonders especially
besorgt concerned; **die Besorgtheit** (*no pl.*) concern
bestätigen to confirm, verify; **sich ≈** to be confirmed, prove true
*bestehen° (aus) to consist of; **(auf + *dat.*)** to insist on
bestellen to order
*bestimmt certain, definite
bestrafen to punish; to sentence
*besuchen to visit
*betrachten to view, contemplate, consider
betragen° to behave
*betreten° to enter, step on
betrügen° to deceive, cheat; **der Betrug** (*no pl.*) deceit, deception
*das Bett, -en bed
beugen to bend; ***sich über (etwas/jdn.) ≈** to bend over (s.t./s.o.)
*bevor before
bevorzugen to prefer
(sich) bewegen to move (o.s.)
*die Bewegung, -en movement
beweisen° to prove; **der Beweis, -e** proof, evidence

*bezahlen to pay
beziehungsweise (bzw.) or
der Bezug, ∴e pillow-case;
reference; **in ≈ auf** (+
acc.) with reference to
bilden to form; **sich ≈** to
educate;
*das Bild, -er picture
billig cheap, shabby
*bis until, up to
*ein bißchen (*no pl.*) a little bit, a
small amount
*bitte please; ***bitten°um** to ask for
*blaß pale
*das Blatt, ∴er leaf, sheet of paper
*blau blue
*bleiben° (ist) to remain
*blicken (auf + acc.) to look; to
glance; ***der Blick, -e** view
blinken to gleam
blöd silly, stupid, idiotic; **der**
Blödsinn (*no pl.*) nonsense,
idiocy
*bloß only, mere
*die Blume, -n flower;
der Blumenkohl (*no pl.*)
cauliflower
die Bluse, -n blouse, shirt
*das Blut (*no pl.*) blood
*der Boden, ∴ floor, ground
*der Bogen, ∴ bow, curve, arch,
sheet
der/das Bonbon, -s candy
das Boot, -e boat
der Brauch, ∴e custom, tradition;
brauchbar useful;
*brauchen to need
brav good, well-behaved; worthy,
honest
*brechen° to break
*breit wide
*brennen° to burn
*der Brief, -e a letter
*bringen° to bring
*das Brot, -e bread
*die Brücke, -n bridge; **der**
≈enbord (*no pl.*) bridgeplank
*der Bruder, ∴er brother
brüllen to cry, scream, yell
der (Brumm)bär, -en, -en
(*wk.*) (grouchy) bear
brummen to buzz, growl, hum
*die Brust, ∴e breast, chest
*das Buch, ∴er book
der Büchsenöffner, - can opener
die Bucht, -en bay; creek inlet
*sich bücken to bend over
*bunt colorful
der/die Bürger/in, -/-nen
citizen; town/city dweller

*das Büro, -s office
*der Bursche, -n lad
die Bürste, -n brush

*da there, then, since, because
*dabei thereby
*das Dach, ∴er roof;
der ≈boden, ∴ attic
*dadurch through that
*dafür for it, on behalf of it, in return
for it
*damals then, at that time
*die Dame, -n lady
*damit with it, so that (*conj.*)
der Dampfer, - steamer
*dann then
*daran thereon
*darauf thereupon, on it
*daraus out of it
*darin in it, by it
dar•stellen to show, display
*darüber thereon, besides
*darum therefore
*darunter under it
*dasein° to be there; to exist
*da•sitzen° to sit there
*daß that (*conj.*)
*da•stehen° (hat or ist) to stand
there; to be in a (good) position
*dauern to last
der Daumen, - thumb
*davon therefrom, thereof
*dazu in addition; for that purpose,
to that end; moreover
*die Decke, -n blanket; ceiling
*denken° to think; to have an
opinion
*denn for, because
*dennoch nevertheless
*derselbe, dieselbe,
dasselbe the same
*deshalb therefore
deswegen because of
deuten auf etwas (*acc.*) to point
to s.t.; to indicate
*deutlich clear
*der Deutsche, -n, -n (*adj. n.*); **die**
Deutsche, -n German person
*dicht thick, dense, leakproof
*dick thick, fat; ***der/die Dicke,**
-n the fat one
der/die Dieb/in, -e/-nen thief
*dienen to serve; ***der/die**
Diener/in, -/-nen servant; ***der**
Dienst, -e length of service;
das Dienstmädchen, - maid
*dies this; ***≈mal** this time
*das Ding, -e thing
*der/die Doktor/in,
-en/-nen doctor (Ph.D.)

der Donner (*no pl.*) thunder
*das Dorf, ∴er village
*dort there
die Dose, -n can
dösen to doze
*drängen to press, urge
*draußen outside, outdoors
dreckig dirty
*(sich) drehen to turn (o.s.)
drohen to threaten
drollig funny, comical
drüben over there; in another
country
drücken to press, push; **der**
Druck, -e printing
*dumm stupid
*dumpf dull, gloomy
*dunkel darkness, dark
*dünn thin
*durch through
durch•fallen° (ist) to fall through;
to fail
durch•halten° to survive; to stick
it out to the end
durch•queren to cross
durch•schreiten° (ist) to stride
through
durch•setzen to put or carry
through
*dürfen to be allowed to

*eben even, just; ***ebenso** same
as, just as
*die Ecke, -n corner
*ehe before
die Ehe, -n marriage; **die**
Ehefrau, -en married woman;
ehelich legitimate; **der**
Ehemann, ∴er married man,
husband
die Ehre, -n honor;
ehrlich honest
eifersüchtig jealous
eifrig eager, zealous
*eigen own
eigenartig strange
*eigentlich really, actually
eilen to hurry
der Eilzug, ∴e express train
*einander each other
der/die Einbrecher/in, -/-nen
burglar
*der Eindruck, ∴e impression
*einfach simple
*ein•fallen° (ist + dat.) to occur to
ein•hängen (*vt*) to hang, put in;
sich bei jdm. ≈ to take a
person's arm
der/die Einheimische, -n, -n (*adj.*
n.) native resident

*einig unified
*einige some, few
einigen to unite; **sich (über etwas)** ≈ to agree (on s.t.)
ein•kehren (ist) to stop; **wieder** ≈ to return to
ein•laden° to invite; **die Einladung, -en** invitation
ein•lassen° to let in, admit; **sich (auf etwas + acc.)** ≈ to get involved with (s.t.)
die Einleitung, -en introduction, prelude, initiation
*einmal once
ein•nicken (ist) to doze or nod off
ein•reichen to submit; to apply for
*einsam lonely, lonesome
ein•schalten to turn on
ein•schenken to pour
*ein•schlafen° (ist) to fall asleep
*ein•schlagen° to hit, wrap
*ein•sehen° to understand
ein•sperren to lock up (**in** + acc. or dat. = in)
die Einstellung, -en employment; discontinuation; attitude
ein•strömen (ist) to pour or flood in
ein•teilen to divide (up); to budget
ein•treffen° (ist) to arrive
*ein•treten° (ist) to enter; **der Eintritt, -e** entrance
ein•werfen° to break, smash; to interject
die Einzelheit, -en detail
*einzeln single
*ein•ziehen° (ist) to move in, pull in
*einzig only, single
*das Eis (*no pl.*) ice
elend miserable, wretched
*die Eltern parents
*empfangen° to receive
*empfinden° to feel, perceive
*das Ende, -n end; ***endlich** final
*endgültig final
*eng narrow
enorm enormous, tremendous
*entdecken to discover
entfernen to remove; ***sich** ≈ to go away; to withdraw
entgegen•nehmen° to receive
entgegnen to reply
enthalten° to withhold; **sich** ≈ to abstain, refrain from
entkommen° to escape, get away
*entlang along
die Entlassung, -en dismissal, discharge

(sich) entscheiden° to decide
*sich entschließen° to decide; ***der Entschluß, ⁼e** decision, resolution
(sich) entschuldigen to apologize, excuse (o.s.); **die Entschuldigung, -en** apology, excuse
entsetzlich terrible
entstehen° (ist) to arise, originate
die Enttäuschung, -en disappointment
entwerfen° to design
entzücken to delight
erbärmlich pitiful
erben to inherit
*die Erde, -n earth, world; **das Erdbeben, -** earthquake; **der Erdboden, ⁼** ground, earth
das Ereignis, -se event; **ein freudiges** ≈ **erwarten** to expect a child
*erfahren° to learn, experience
erfinden° to invent
erfrieren° (ist) to freeze to death
*erfüllen to fulfill
ergänzen to supplement; to complete
das Ergebnis, -se result, outcome
*ergreifen° to seize; to stir
*erhalten° to receive; to preserve
erheben° to raise, lift up; ***sich** ≈ to rise up
erhitzen to heat (up); to inflame tempers
*erkennen° to recognize
*erklären to explain
die Erkältung, -en cold, chill
*sich erkundigen to make inquiries
erlauben to allow, permit
erläutern to explain; to comment on
erleben to experience; **das Erlebnis, -se** experience
erleichtern to relieve
*ernst serious
*erreichen to reach
erinnern to remember; ***sich** ≈ **(an etwas/jdn.)** to remember (s.t./s.o.); ***die Erinnerung, -en** memory
ersetzen to replace; **der Ersatz** (*no pl.*) substitute
*erscheinen° (ist) to appear
(sich) erschießen° to shoot (o.s.) (dead)
*erschrecken° (ist) (*also regular.*) to startle; to frighten

*erschrocken frightened, scared, terrified
ersparen to save; **sich (etwas/jdm.)** ≈ to spare or avoid (s.t./s.o.)
*erst first; only; not until; ***das erste Mal** first time
erstaunen to amaze
ertragen° to bear; to endure
ertrinken° (ist) to drown
der Erwachsene, -n, -n (*adj. n.*); **die Erwachsene, -n** grown-up, adult
*erwarten to expect
erwähnen to mention; to refer to
erwerben° to gain, acquire
*erwidern to reply
*erzählen to tell
erziehen° to bring up, train, educate
der/die Esel/in, -/-nen donkey
*essen° to eat
etliche Male several times
*etwa perhaps; approximate
*etwas some(thing); somewhat
*ewig eternal

der/die Fabrikant/in, -en/-nen industrialist
*fahren° (hat or **ist)** to drive, go; **die Fahrkarte, -n** ticket; **der Fahrplan, ⁼e** (train) schedule; **das Fahrrad, ⁼er** bicycle; **der Fahrstuhl, ⁼e** elevator; ***die Fahrt, -en** trip, journey
*fallen° to fall; ***der Fall, ⁼e** fall; case
*die Familie, -n family
der Fang (*no pl.*) catch
*die Farbe, -n color
*fassen to grasp, hold, seize
*fast almost
*faul lazy; **die Faulheit, -en** laziness, idleness
*die Faust, ⁼e fist
der Fauxpas social blunder; **einen** ≈ **begehen°** to make a social blunder
*fehlen to be absent; ***der Fehler, -** mistake
feiern to celebrate; **der Feiertag, -e** holiday
*fein fine
*der/die Feind/in, -e/-nen enemy
*das Feld, -er field
*das Fenster, - window
*fern far; **der Fernseher, -** television
*fertig ready; ≈ **•stellen** to complete; ≈ **•werden mit**

(etwas/jdm.) to manage
(s.t./s.o.)
der Fesselballon, -s or -e hot-air
or gas balloon
*fest solid; *fest•stellen to
determine, ascertain
*feucht moist; die Feuchtigkeit
(*no pl.*) moisture, dampness
*das Feuer, - fire; das ≈zeug, -e
lighter
*(sich) finden° to find (o.s.)
*der Finger, - finger
*finster dark, gloomy, sinister,
unfriendly
*der Fisch, -e fish
*das Fleisch (*no pl.*) meat, flesh
der Fleiß diligence
flicken to patch, repair
*fliegen° (hat or ist) to fly
flink nimble, quick
flüchtig fleeting; careless;
superficial; transient
*der Flur, -e hall
*der Fluß, *pl.* Flüsse river
*flüstern to whisper
*folgen to follow
*die Form, -en form, figure, shape
*fort away; ≈ •drängen to urge
to leave; *≈•fahren° (ist) to
continue; *≈ •gehen° (ist) to go
away
*fragen to ask; *die Frage,
-n question
*frei free; *die Freiheit (*no
pl.*) freedom; *freilich to be
sure, of course, certainly
*fremd strange, foreign; *der/die
Fremde, -n stranger
freuen to please; *sich (über
etwas) ≈ to be happy (about
s.t.); *die Freude, -n pleasure;
joy
*der/die Freund/in, -e/-nen
friend; einen festen ≈ a steady
friend; *freundlich friendly
frieren° (ist) to freeze, become
frozen
*frisch fresh
der Friseur, -e/die Friseuse,
-n barber/hairdresser
*froh glad; ≈•locken (über + acc.
= over, at) to rejoice
fröhlich happy, cheerful, merry;
die Fröhlichkeit (*no pl.*)
happiness, merriment
der Frosch, ̈e frog
*früh early
fühlen to feel; *sich ≈ to feel
(well, sick)
*führen to lead, guide; der

Führerschein, -e driver's
license
*furchtbar terrible
*fürchten to fear; sich ≈
(vor + *dat.*) to be afraid (of)
*der Fuß, ̈e foot
das Futter (*no pl.*) (animal) food
or feed

*der Gang (*no pl.*) walk
*gänzlich completely
*gar entirely; quite; even; cooked
die Garderobe, -n wardrobe;
dressing room
die Gardine, -n curtain
*der Garten, ̈ garden
*der Gast, ̈e guest
*geben° to give
der Gebrauch, *pl.* Gebräuche
use; gebrauchen to use
das Gebrüll (*no pl.*) crying;
screaming
das Gedächtnis (*no pl.*) memory
*der Gedanke, -n thought
das Gedicht, -e poem
das Gedränge (*no pl.*) crowd;
jostling
geduldig patient
*die Gefahr, -en danger;
*gefährlich dangerous
gefallen° (dat.) to be pleasing to
s.o.; gefällig helpful; obliging;
pleasing
*der/die Gefangene, -n prisoner
das Gefängnis, -se jail
*das Gefühl, -e feeling
*die Gegend, -en area,
neighborhood
*gegen against, toward
*gegenüber opposite, facing; with
regard to
gegenwärtig present
geheimnisvoll secretly;
mysteriously
*gehen° to go; es geht um
etwas it concerns s.t.
*gehören to belong
der Gehorsam (*no pl.*) obedience
*der Geist, -er ghost, spirit
das Gelächter, - laughter
*gelangen (ist) (an/auf
etwas + acc.) to reach, arrive at
*das Geld, -er money; die
≈börse, -n purse; wallet
die Gelegenheit, -en opportunity
*gelingen° (ist + *dat.*) to succeed
*gelten° to be valid, be in force; to
concern
das Gemüse vegetables

gemütlich comfortable; cosy;
good-natured
*genau exact
*genug enough; *genügen to
suffice
genußsüchtig pleasure seeking
*gerad(e) just now; frankly; straight;
even
*geraten° (in, an) to get (into, to);
to turn out (well)
*das Geräusch, -e noise
*gering small; unimportant;
≈schätzig contemptuous
*gern gladly
*der Geruch, ̈e smell
das Gerücht, -e rumor; es
laufen° ≈ e um rumors are
going around
der Gesang, ̈e singing; song
*das Geschäft, -e business
*geschehen° (ist) to happen; das
Geschehnis, -se event;
incident
gescheit clever, smart
das Geschenk, -e present, gift
*die Geschichte, -n story; event;
history
die Geschwindigkeit, -en speed
die Geschwister brothers and
sisters
die Gesellschaft, -en society;
company; party
*das Gesetz, -e law, statute
*das Gesicht, -er face
der Gesichtspunkt, -e point of
view, standpoint
*das Gespräch, -e conversation,
talk
*die Gestalt, -en form
das Geständnis, -se confession
gestatten to permit
die Geste, -n gesture
*gestern yesterday
die Gewalt, -en power, force;
gewaltig colossal, powerful
*gewinnen° to win
*gewiß sure, certain
das Gewissen (*no pl.*)
conscience
*sich (an etwas/jdn.)
gewöhnen to get used to
(s.t./s.o.); gewöhnlich usual,
customary
der Gipfel, - peak, summit; das
ist der ≈ that's the limit!
*glänzen to shine, gleam, sparkle
*das Glas, ̈er glass
*glatt smooth, slippery; das
Glatteis ice; ≈•gehen°
(ist) to go smoothly

*glauben   to believe
*gleich   equal, right away; ≈ gültig
   indifferent; *≈ zeitig
   simultaneously
 das Glied, -er   limb, member; joint
*das Glück (no pl.)   luck;
   *glücklich   lucky, fortunate;
   happy
*der Gott, ¨er   God
*das Grab, ¨er   grave
*grau   gray
*greifen°   to grab, seize
 grell   bright
*die Grenze, -n   border
 grob   coarse; dirty
*groß   large, great; die
   Großmutter, ¨   grandmother;
   größtenteils   mostly, for the
   most part; der Großvater, ¨
   grandfather
*grün   green
*der Grund, ¨e   base; ground;
   reason; gründlich   thorough
 gucken   to peek, look
 der (Gummi)mantel, ¨   (rubber
   rain) coat
 günstig   favorable
*gut   good; ≈•heißen°   to approve
   (of)

*das Haar, -e   hair; ums ≈   very
   nearly, almost
*haben°   to have
 der Hafen, ¨   harbor
 die Haferflocke, -n   rolled oat
*halb   half
*der Hals, ¨e   neck
*halten°   to hold; davon ≈   to
   think of; *sich ≈   to deem (o.s.),
   hold or keep (o.s.)
 die Haltung, -en   posture,
   position; manner; composure
*die Hand, ¨e   hand; der ≈schuh,
   -e   glove; die ≈tasche, -n
   pocketbook, purse
 der Handel (no pl.)   deal,
   transaction
*sich handeln um (etwas/jdn.)
   to be about, concern (s.t./s.o.)
*hängen° (also regular)   to hang
*hart   hard; ≈näckig   stubborn
 der Hase, -n   hare
 häßlich   ugly
 hauen°   to hit, belt, clobber
 der Haufen, -   heap, pile
 hauptsächlich   mainly
 das Hauptwort, ¨er   noun
*das Haus, ¨er   house
*die Haut, ¨e   skin
*heben°   to lift; *sich ≈   to rise up

*heftig   violent, severe, vigorous
 der/die Heilige, -n   saint; der
   ≈nschein, -e   halo
 die Heimat, -en   home; home
   town; native country
*heiraten   to marry, get married
*heiß   hot
*heißen°   to be called or named
 der Held, -en, -en/die Heldin,
   -nen   hero/heroine
*helfen°   to help
*hell   light
*das Hemd, -en   shirt
*her   hither
*heraus   out of, out; *≈•kommen°
   (ist)   to come out;
   (he)raus•holen   to get out;
   (he)raus•schneiden°   cut out
 der Herd, -e   stove, range
*herein•kommen° (ist)   to come in
 herein•ziehen°   to pull in
 her•stellen   to produce,
   manufacture
 hervor•kommen° (ist)   to come
   out
 hervor•locken   to entice or draw
   out
*das Herz, -en   heart
 heulen   to howl, bawl, wail
*heute   today
*hier   here
*die Hilfe (no pl.)   help
*der Himmel, -   heaven; sky
*hin   toward
*hinauf   up
*hinaus   out
*hindurch   throughout, through
*hinein   into
 hingegen   however; on the other
   hand
 hin•gehören   to belong
*hinten   behind
*hinter   behind
 hinterher   behind, after; afterwards
 hinterlassen°   to leave
 hinüber•wechseln (hat or
   ist)   to change over
*hinunter   down, downwards
 hinzu•fügen   to add
*hoch   high
 hocken   to sit, squat
*der Hof, ¨e   yard, farm, court;
   der/die ≈besitzer/in, -/-nen
   owner of an estate; das ≈tor, -e
   yard gate
 die Höflichkeit (no pl.)
   politeness, courtesy
*die Höhe, -n   height; die
   ≈nsonne, -n   ultraviolet heat
   lamp

 die Höhle, -n   cave, hole
*holen   to fetch, get
*das Holz, ¨er   wood
*horchen   to listen
*hören   to hear; der/die
   Hörer/in, -/-nen   listener;
   telephone receiver
*die Hose, -n   pants
*hübsch   pretty, good looking
 der Hubschrauber, -   helicopter
*der Hügel, -   hill
*der Hund, -e; die Hündin, -nen
   dog
*der Hunger (no pl.)   hunger
*der Hut, ¨e   hat
*die Hütte, -n   hut

 sich immatrikulieren   to register
   (at a university) (an + dat. = at)
*immerhin   nevertheless, still
 das Imperfekt, -e   simple past
   tense
 imponieren   to impress
*indem   while
*innen   inside
*die Insel, -n   island
 inwiefern   to what extent, how far;
   in what way
*inzwischen   in the meantime
*irgendein   any
*irgendwo   somewhere; ≈hin
   somewhere, to some place or other
*sich irren   to err; der Irrtum, ¨er
   mistake, error

 die Jacht, -en   yacht
*die Jacke, -n   jacket
 die Jagd, -en   hunt; game
*das Jahr, -e   year
*je   ever; each
*jedenfalls   in any case
*jeder, jede, jedes   every, each
*jedesmal   everytime
*jedoch   however (conj.)
*jeglicher, jegliche, jegliches
   any; each
*jemand   someone
*jener, jene, jenes   that (dem.
   adj.), that one, the former
*jetzt   now
 die Jugendherberge, -n   youth
   hostel
*jung   young; *der Junge, -n   boy

*der Kaffee, -s   coffee
 kahl   bare; bald
*der/die Kaiser/in, -/-nen
   emperor(ess)
*kalt   cold; *die Kälte (no
   pl.)   coldness; cold spell

*der/die **Kamerad/in, -en/-nen**
(*dated*) comrade
der **Kamin, -e** chimney; fireplace
der **Kamm, ̈e** comb; crest, ridge
kämpfen to fight
*die **Karte, -n** card; map; ticket
der **Käse, -** cheese
*die **Katze, -n** cat; **die ≈ im Sack
kaufen** to buy a pig in a poke
kauen to chew
* **kaufen** to buy
* **kaum** hardly, barely
kehrt•machen to turn around
* **keiner, keine, keines** none
*der/die **Kellner/in, -/-nen**
waiter/waitress
* **kennen°** to know, be acquainted with
die **Kenntnis, -se** knowledge
*der **Kerl, -e** lad, guy
*die **Kerze, -n** candle
*die **Kette, -n** chain
keuchen to pant, gasp
*das **Kind, -er** child; **ein ≈
kriegen** to have a child; to
expect a child; **kindlich** childlike
(positive meaning)
*die **Kirche, -n** church
* **klar** clear; **≈•legen** to make
clear, explain
der **Klecks, -e** blot, mark, spot,
stain
*das **Kleid, -er** dress; **die
≈erabgabe** cloakroom
* **klein** small; *der **Kleine, -n, n**
(*adj. n.*); **die Kleine, -n** the
small one; **die Kleinigkeit,
-en** little or small thing, a trifle
klettern (ist) to climb
* **klingen°** to sound; **die Klingel,
-n** bell
* **klopfen** to knock, beat
klug clever, intelligent
*der **Knabe, -n, -n** boy
die **Kneipe, -n** bar, saloon
*das **Knie, -** knee
knurren to growl
* **kommen°** to come; **es kommt
darauf an** that is what matters
das **Kompositum,** *pl.* **Komposita**
compound
der/die **König/in, -e/-nen**
king/queen
der **Konjunktiv, -e** subjunctive
* **können** to be able to
*der **Kopf, ̈e** head; **die
≈bedeckung, -en** headgear;
mit dem ≈ nicken to nod
one's head; **den ≈ schütteln** to
shake one's head; **das ≈weh**
headache

der **Korb, ̈e** basket
der **Korkenzieher, -** corkscrew
*der **Körper, -** body
das **Kotelett, -s** chop, cutlet
*die **Kraft, ̈e** power, strength
* **krank** ill, sick; **kränken** to insult,
offend
die **Krawatte, -n** tie, necktie
*der **Kreis, -e** circle
kreuz und quer in all directions
die **Kreuzung, -en** crossing
kriechen° (ist) to crawl
*der **Krieg, -e** war
* **kriegen** to get
der **Krug, ̈e** jug, pitcher
*die **Küche, -n** kitchen
der **Kuchen, -** cake
* **kühl** cool
die **Kulleraugen** big and round
(innocent) eyes
sich kümmern (um etwas/jdn.)
to look after (s.t. or s.o.); **die
Kümmernis, -se** concerns,
worries
die **Kunst, ̈e** art; **der/die
Künstler/in, -/-nen** artist
* **kurz** short; **≈fristig** for a short
period of time
der **Kuß,** *pl.* **Küsse** kiss;
küssen to kiss
*der/die **Kutscher/in, -/-nen**
coach(man), driver
der **Kutter, -** large fishing vessel

* **lächeln** to smile
* **lachen** to laugh
laden° to load
*die **Lage, -n** position
*das **Lager, -** camp
*das **Land, ̈er** land, country; **die
≈esprache, -n** native language
die **Landungsbrücke, -n** landing
pier or bridge
der **Landungssteg, -e** dock
* **lang** long; *lange long (time);
die Langeweile boredom;
≈sam slowly
der **Lärm** (*no pl.*) noise
lassen° to let, allow; *sich ≈ to
be able (to do)
lässig casual; careless
die **Last, -en** load, burden
das **Laub** leaves, foliage
* **laufen°** to run, go; **der Lauf, ̈e**
run, race
der **Lausbub, -en** (*dated*) rascal,
scamp
* **laut** loud; *≈los without a sound
läuten to ring
lauter nothing but; honest

* **leben** to live; *das **Leben, -** life
* **leer** empty
* **legen** (*regular*) to lay, place;
*sich ≈ to lie down, subside
* **lehnen** to lean
*der **Leib, -er** body; **der/die
≈wächter/in, -/-nen** bodyguard
* **leicht** light, easy
* **leid: es tut° mir ≈** I regret, I am
sorry
leiden° to suffer; to like (s.o.); **die
Leidenschaft, -en** emotion,
passion
* **leider** unfortunately
* **leise** quiet
* **lernen** to learn
* **lesen°** to read
* **letzt-** last
* **leuchten** to shine, radiate
*die **Leute** people
*das **Licht, -er** light
*die **Liebe, -n** love
die **Lieferung, -en** delivery
* **liegen°** to lie; to be situated
* **links** left
*die **Lippe, -n** lip
listig cunning, deceitful
das **Lob** (*no pl.*) praise
*das **Loch, ̈er** hole
locken to entice, attract
lohnen to be worth; **sich ≈** to
be worthwhile
das **Lokal, -e** bar, inn; place
der **Lokomotivführer, -** engineer
(train)
los loose; ≈ **(sein)** (to be) rid of;
(to be) the matter;
≈•brechen° to break off, break,
burst out; *≈•lassen° to let go
löschen to extinguish
* **lösen** to remove; to resolve; to
dissolve; **sich ≈** to detach o.s.
*die **Luft, ̈e** air; **nach ≈
schnappen** to gasp for air; **der
≈sprung, ̈e** a leap in the air; a
jump for joy
lügen° to lie, tell a falsehood
*die **Lust** (usually sg.) desire,
delight, joy; **sich (über
etwas/jdn.) lustig machen** to
make fun of (s.t./s.o.)
lutschen to suck

* **machen** to make, do
* **mächtig** mighty
*das **Mädchen, -** girl
*das **Mal** time; **etliche ≈e**
several times; *mal times, just
der/die **Maler/in, -/-nen** artist,
painter

*man   one (you)

*mancher, manche, manches
   some; many a; manchmal
   sometimes

*der Mantel, ¨   coat

*der Markt, ¨e   market

die Masern   measles

der Matrose, -n /die Matrosin
   -nen   sailor

*die Mauer, -n   wall

*das Meer, -e   ocean

*mehr   more; die Mehrzahl (no
   pl.)   plural; majority; nicht mehr
   no more, no longer

meinetwegen   because of me, on
   my account

die Meinung, -en   opinion

*melden   to report; die Meldung,
   -en   news, announcement

*die Menge, -n   quantity, amount;
   multitude, crowd

*der Mensch, -en, -en (wk.)   man,
   person; *menschlich   human

*merken   to notice; sich
   (etwas + dat.) ≈   to note,
   observe, notice s.t.

*merkwürdig   strange

*das Messer, -   knife

*der Meter, -   meter

mindestens   at least

*die Minute, -n   minute

mißhandeln   to mistreat

*mit•bringen°   to bring along

das Mitleid (no pl.)   pity,
   compassion

*mit•nehmen°   to take along

*die Mitte, -n   middle, center;
   *mitten   in the middle

mit•teilen (jdm. etwas)   to tell
   (s.o./s.t.)

*mögen   to want to; to like s.t./s.o.

*möglich   possible; *die
   Möglichkeit, -en   possibility

*der Monat, -e   month

*der Mond, -e   moon

*der Morgen, -   morning;
   *morgen   tomorrow

*müde   tired

die Mühe, -n   trouble; effort;
   bother

der Mülleimer, -   trash can

*der Mund, ¨er   mouth

munter   lively, cheerful

*murmeln   to murmur

*die Musik (no pl.)   music

*müssen   must, to have to

mustern   to scrutinize, look over

*der Mut (no pl.)   courage

*die Mutter, ¨   mother

die Mütze, -en   cap

*na   well

*nach   toward; according to; after

*der Nachbar, -n, -n (wk.); die
   Nachbarin, -nen   neighbor

*nachdem   after, afterwards

*nach•denken°   to ponder

die Nacherzählung, -en
   retelling; reproduction

nach•holen   to get s.o. to join one;
   to make up for

nach•lassen°   to diminish, slacken

die Nachricht, -en   news

nach•schauen   to look after

*nach•sehen°   to look after

*die Nacht, ¨e   night; *nachts   at
   night

nächstens   next

der Nacken, -   (nape of the) neck

nagen (an + dat.)   to worry
   (about), gnaw (at)

*nahe   near; *die Nähe (no pl.)
   vicinity; nähern   to bring or draw
   closer; *sich ≈   to approach

*der Name, -ns, -n (wk.)   name;
   *nämlich   namely

*die Nase, -n   nose

*die Natur (no pl.)   nature;
   *natürlich   natural

*der Nebel, -   mist, fog

*neben   beside

*nehmen°   to take

der Neid (no pl.)   envy

neigen   to bend, bow; sich ≈   to
   bow down; to incline, tilt

*nennen°   to name, call

*neu   new; die Neuheit, -en
   novelty; innovation

neugierig (auf + acc.)   inquisitive
   (about), curious (about)

*nicken   to nod

nieder•lassen°   to let down; *sich
   ≈   to settle down

*niemals   never

*niemand   nobody

nirgends   nowhere

*noch   still, yet

die Note, -n   (musical) note; (bank)
   note; school mark (grade)

die Notlüge, -n   white lie

*die Nummer, -n   number

*nun   now

*nur   only

nützlich   useful

*ob   if, whether

*oben   above

obgleich   although

die Obrigkeit, -en   authority

*obwohl   even though

*oder   or

der Ofen, ¨   oven

*offen   open; *≈bar   apparent;
   ≈sichtlich   obvious

*(sich) öffnen   to open

*oft   often

*ohne   without; ≈hin   anyway

*das Ohr, -en   ear; die ≈feige,
   -n   slap on or about the ears

*der Onkel, -   uncle

das Opfer, -   sacrifice, victim

*die Ordnung, -en   order

*der Ort, -e   place

*paar   few, some

*packen   to pack, grasp; das
   Päckchen, -   small package;
   pack (of cigarettes)

der Palast, pl. Paläste   palace

*das Papier, -e   paper

der Pappkarton, -s   cardboard box

die Parole, -n   password

der/die Passant/in, -en/-nen
   passer-by

passend   suitable, appropriate

*passieren   to happen, pass

(das) Pech haben   have bad luck

peinlich   embarrassing

*das Pferd, -e   horse

pflegen   to care for; sich ≈   to
   care about one's appearance; to be
   in the habit of

die Pflicht, -en   duty

das Plakat, -e   poster

*der Plan, ¨e   plan

platzen   to burst

plaudern   to chat, talk
   (über + acc., von = about)

plazieren   to put, place, position;
   *der Platz, ¨e   place

pleite   broke

*plötzlich   suddenly

die Polizei pl.   police

der Postbote, -n   mailman

*der Preis, -e   price, prize;
   preiswert   worth the money,
   good value

probieren   to try; to taste

*der Propagandist, -en, -en; die
   Propagandistin, -nen
   propagandist

die Prüfung, -en   test, examination

der Pullover, -   sweater

pünktlich   punctual

die Puppe, -n   doll

pusten   to puff, blow

quälen   to torment, torture, pester

das Rad, ¨er   wheel

*der Rand, ¨er   edge

*rasch quick
raten to guess; der Rat, pl.
   Ratschläge advice, counsel
*rauchen to smoke; die
   Rauchwolke, -n cloud of
   smoke
*der Raum, ¨e room
reagieren to react
*das Recht, -e right, proper
*recht right; ≈fertigen to justify;
   *≈s right
der Rechtsanwalt, ¨e/die
   Rechtsanwältin, -nen lawyer
der/die Redakteur/in, -e/-nen
   editor
*reden to speak, talk; die
   Redewendung, -en phrase;
   idiom
das Regal, -e shelves or shelf
reiben° to rub, scour, grind
*reichen to hand, reach
*die Reihe, -n row; in der ≈
   stehen to stand in line
*reißen° to tear; to pull
der/die Reiter/in, -/-nen rider,
   horse(wo)man
reizend charming; lovely
retten to save, rescue; die
   Rettung, -en rescue
*der/die Richter/in, -/-nen judge
*richtig correct
die Richtung, -en direction
*riechen° to smell
*riesig giant
ringsum (all) around
der Riß, pl. die Risse tear, rip
*der Rock, ¨e skirt
der Rost (no pl.) rust
*rot red; ≈ werden to blush
*der Rücken, - back
*rufen° to call
der Rücksitz, -e back seat (of a
   car, motorbike)
*die Ruhe (no pl.) rest; stillness;
   *ruhig calm
rühren to stir; von etwas ≈ to
   stem from; *sich ≈ to stir; to
   move
*rund round; approximately, about

*der Saal, pl. Säle hall (assembly),
   large room
*die Sache, -n thing, affair
die Sackgasse, -n dead-end
   street
*sagen to say, tell
*das Salz, -e salt
*der Sand, -e sand
*sanft soft
der Sängerknabe, -n chorus boy

*der Sarg, ¨e coffin
*der Satz, ¨e sentence; leap
sauber clean
die Schachtel, -n box, pack
der Schädel, - skull
*schaffen° to create; to complete
der Schal, -e or -s scarf
der Schalter, - counter; (electric)
   switch
*scharf sharp
*der Schatten, - shadow
*schauen look
der Schaukelstuhl, ¨e rocking
   chair
der Schauplatz, ¨e scene of
   events
der/die Schauspieler/in, -/-nen
   actor (actress), player
*die Scheibe, -n disk; slice;
   (window)pane
*scheinen° to shine, seem, appear;
   *der Schein, -e shine, gleam,
   appearance
schelten° to scold
*schenken to give a gift
scheußlich hideous, atrocious
schick elegant, smart; stylish; great
*schicken to send
*das Schicksal, -e fate; der
   ≈sschlag, ¨e blow of fate
*(sich) schieben° to push (o.s.)
schief sloping, slanting, oblique
*schießen° to shoot
*das Schiff, -e ship
*das Schild, -er sign; die
   ≈erung, -en description; portrayal
schimpfen (auf etwas/jdn.)
   to get angry; grumble; swear at
   (s.t./s.o.)
der Schirm, -e umbrella; screen;
   shade
die Schlacht, -en battle
*schlafen° to sleep; *der Schlaf
   (no pl.) sleep; schläfrig sleepy
*schlagen° to hit, beat, strike; der
   Schlag, ¨e blow, knock
die Schlange, -n snake
schlapp limp
schlau sly, cunning
*schlecht bad
schleichen° (ist) to creep, sneak
schleppen to drag, haul
*schließen° to close;
   *schließlich finally, at last
*schlimm bad, wicked
*das Schloß, pl. die
   Schlösser castle; lock
schluchzen to sob
*der Schluß, pl. Schlüsse end,
   conclusion

der Schlüssel, - key
*schmal narrow
schmatzen to eat noisily; to
   smack one's lips
schmecken to taste
*der Schmerz, -en pain
der Schnabel, ¨ beak
schnappen (nach) to snap,
   snatch, grab
die Schnauze, -n nose; (sl.)
   mouth; snout
schneien to snow; *der Schnee
   (no pl.) snow
*schnell quick
schnitzen to carve, cut (in wood)
der Schnupfen, - cold (in the
   head); runny nose; sich einen ≈
   holen to catch a cold
*schön beautiful, nice
*schon already
*schräg slanting, diagonal, inclined
der Schrank, ¨e cabinet, closet
der Schreck, -e fright, scare;
   schrecklich frightful, dreadful
der Schrei, -e cry, shout
*schreiben° to write
*schreien° to cry; to scream
*der Schritt, -e step; pace
*der Schuh, -e shoe
*die Schule, -n school
*die Schulter, -n shoulder
die Schürze, -n apron
schützen to protect, shelter; sich
   ≈ (vor + dat. = from) to
   protect, shelter
der Schwan, ¨e swan
der Schwanz, ¨e tail
*schwarz black
*schweigen° to be quiet; *das
   Schweigen (no pl.) silence;
   *schweigend silently
der Schweiß (no pl.) sweat
die Schwelle, -n threshhold
   (house)
*schwer heavy; difficult
*die Schwester, -n sister
die Schwierigkeit, -en difficulty
*schwimmen° (ist) to swim
schwitzen to sweat, perspire
*der See, -n lake; *die ≈ sea
*die Seele, -n soul
das Segel, - sail
*sehen° to see; die
   Sehenswürdigkeit, -en a
   sight worth seeing
*sehr very
die Seife, -n soap
seinesgleichen one of his equals
*seit since
*die Seite, -n side; page

der/die Sekretär/in, -/-nen secretary

***die Sekunde, -n** second

***selber** self

***selbst** even, self;
   ***≈verständlich** self-evident, obvious

***seltsam** strange

***(sich) setzen** to seat (o.s.); to place, put

***seufzen** to sigh

***sicher** safe, certain

***singen°** to sing

***sinken°** to sink

***der Sinn, -e** sense; **sinnlos** senseless

***sitzen°** to sit

***so** so, thus, therefore, then

(so)eben just (this moment)

***sofort** immediately

***sogar** even

sogenannt so-called

***sogleich** at once

***der Sohn, ¨e** son

***solange** as long as

***solch** such

***der Soldat, -en** soldier

***sollen** to have to; be supposed to; be said to be

***der Sommer, -** summer; **die ≈sprosse, -n** freckle

sonderbar odd, queer

***sondern** but

***die Sonne, -n** sun

***der Sonntag, -e** Sunday

***sonst** otherwise

sorgen: für etwas/jdn. ≈ to care for s.t./s.o.; **die Sorge, -n** worry; trouble

***soviel** so much

***soweit** thus far

***spät** late

spazieren to walk; **≈ •gehen° (ist)** to stroll; to ride

der Speisewagen, - dining car

***der Spiegel, -** mirror

***spielen** to play

die Spitze, -n point, tip, peak; **der Spitzname, -n** nickname

***sprechen°** to speak

***springen° (ist)** to jump

spucken to spit

***die Spur, -en** track, trace

***spüren** to feel, sense

***die Stadt, ¨e** town; city

stammen (von, aus) to come from; **Woher ≈ Sie?** Where do you come from?

ständig permanent, established

der Standpunkt, -e viewpoint;

vom dem Standpunkt aus from that point of view

***stark** strong

***starr** rigid, inflexible; ***starren** to stare

***statt** instead of; ***≈ •finden°** to take place

der Staub (*usually sg.*) dust

***stecken** to stick, put

***stehen•bleiben° (ist)** to stop

***steigen° (ist)** to climb

steil steep

der Stein, -e stone

***stellen** to put, place; ***die Stelle, -n** place, spot; ***die Stellung, -en** position (job)

***sterben° (ist)** to die

***der Stern, -e** star

das Steuer, - (*nautical*) helm, wheel, controls

der Stich, -e sting; **das ≈wort, -e** note; key word

der Stiefel, - boot

die Stiftung, -en endowment, donation, foundation

***still** quiet; ***die Stille** (*no pl.*) quietness

***die Stimme, -n** voice

***stimmen** to be right

die Stimmung, -en mood, atmosphere

das Stipendium, *pl.* **Stipendien** stipend, scholarship

***die Stirn, -en** forehead

***der Stock, ¨e** cane, stick; **das ≈werk, -e** floor, story

stocken to miss or skip a beat; to falter; to break off

stolpern to stumble

stolz proud

***stören** to bother, disturb

***stoßen°** to push, thrust, shove, kick, hit

strahlend radiant, shining

***die Straße, -n** street

streicheln to stroke; to caress

***streichen°** to paint, stroke; **das Streichholz, ¨er** match

(sich) streiten° to argue; **der Streit, -e** argument, quarrel, squabble; fight

***die Stube, -n** (*dated*) room, parlor

***das Stück, -e** piece

***die Stufe, -n** step

***der Stuhl, ¨e** chair

***stumm** silent

***die Stunde, -n** hour; lesson

***(sich) stürzen** to throw (o.s.), plunge, overthrow

stützen to support; **sich (auf**

etwas/jdn.) ≈ to rest, lean (one's arm, etc.) on (s.t./s.o.)

die Subvention, -en subsidy

***suchen** to search

summen to hum

sympathisch congenial, likeable

das Tablett, -s *or* **-e** tray

***der Tag, -e** day

***die Tante, -n** aunt

***tanzen** to dance

tappen to grope

das Taschentuch, ¨er handkerchief, hanky

***die Tat, -en** deed; **die ≈sache, -n** fact, happening

der Tau (*no pl.*) dew

***der Teil, -e** part

***tief** deep; ***die Tiefe, -n** depth

***das Tier, -e** animal

tippen to type

***der Tisch, -e** table

***die Tochter, ¨** daughter

***der Tod,** *pl.* **Todesfälle** death

toll great; fantastic; crazy; terrible

***der Ton, ¨e** sound; **einen (ruhigen) ≈ an•schlagen°** to adopt or strike a (quiet) tone

***das Tor, -e** gate

***tot** dead; ***der/die Tote, -n** dead person; ***töten** to kill

***tragen°** to carry, bear; to wear

***die Träne, -n** tear

trauen to trust; to confide; **sich ≈** to dare

die Trauer (*no pl.*) grief, sorrow; ***traurig** sad, mournful

***der Traum, ¨e** dream

***treffen°** to hit; ***sich ≈** to meet

***treiben° (hat)** to drive, occupy o.s., push; **(ist)** to drift

***die Treppe, -n** stair(s); **die ≈nstufe, -n** step

***treten° (ist)** to kick; to step, tread

***trinken°** to drink

das Trittbrett, -er running-board

trocken dry

tropfen to drip

trösten to comfort

***trotzdem** in spite of

***das Tuch, ¨er** cloth

***tun°** to do

***die Tür, -en** door

***über** above, over

***überall** everywhere

der Überblick, -e view; perspective; overview

überbrücken to bridge, smooth over

überfliegen° to fly over; to skim
überflüssig superfluous
*****überhaupt** generally, on the whole
der Übergang, ⁻e crosswalk; checkpoint; transition
*****überlegen** to think over
übermütig high-spirited, boisterous; cocky
überqueren to cross (over)
überraschen to surprise
überreden to persuade, talk s.o. into doing s.t.
überschreiten° to cross; to exceed
übersetzen to translate
übertreiben° to exaggerate
übertreten° (ein Gesetz) to break a law; to go over; to overstep
überwachen to supervise, superintend, control
üblich usual, customary
übrig•bleiben° (ist) to remain, be left over
*****übrigens** by the way
*****das Ufer, -** bank, shore; **uferaufwärts** along the bank, upstream
*****die Uhr, -en** clock, watch
um around, approximately, in order to
umarmen (jdn.) to hug (s.o.)
*****(sich) um•drehen** to turn around
die Umgebung, -en surroundings, vicinity
um•kehren (ist) to turn around
(sich) um•kleiden to change clothes
umkreisen to encircle, orbit
*****sich um•sehen°** to look around
ums Haar very nearly, almost
umsonst free, for nothing, free of charge
*****der Umstand, ⁻e** circumstance
um•steigen° (ist) to change (busses, trains, etc.)
um•stoßen° to knock over
um•tauschen to (ex)change, convert
um•wenden° to turn over; *****sich ≈** to turn around
um•wickeln to wrap around
unausstehlich intolerable
unbedingt by all means, absolute, unconditional
unbestimmt indefinite
unehelich illegitimate
unerhört outrageous
der Unfall, ⁻e accident
ungeduldig impatient
ungefähr approximately, roughly

*****ungeheuer** huge, mighty; dreadful
ungezogen naughty, disobedient
unheimlich frightening, eerie, sinister
*****die Uniform, -en** uniform
die Unkosten charges, costs, expenses
*****unruhig** restless
unschlüssig indecisive
die Unschuld (*no pl.*) innocence; **unschuldig** innocent
*****unten** below; downstairs
*****unter** under, among
die Unterbrechung, -en interruption
unterdrücken to suppress
unterrichten to teach, inform
der Unterrock, ⁻e underskirt, slip
unterscheiden° to distinguish; **der Unterschied, -e** difference, distinction
unterstreichen° to underline
die Untersuchung, -en investigation, examination
der Urlaub, -e vacation
das Urteil, -e judgment

*****der Vater, ⁻** father
verabreden to agree upon; to arrange
sich verabschieden (von jdm.) to say goodbye (to s.o.)
die Verachtung (*no pl.*) contempt, scorn; **verächtlich** contemptuous, scornful
verärgern to annoy or anger s.o.
*****verbergen°** to hide
verbessern to correct, improve
*****sich verbeugen (vor + *dat.*)** to bow
verbieten° to prohibit; **das Verbot, -e** ban
die Verbindung, -en connection, relationship
verbrauchen to use up, consume
*****verbringen°** to spend, pass time
verdächtig suspicious
verdecken to cover, conceal
verderben° to spoil; **(ist)** to become spoiled
*****verdienen** to earn
verdrehen to twist, sprain, distort
verfahren° to act, proceed; **sich ≈** to lose one's way, drive in the wrong direction
verfallen° (ist) to decay
verfassen to write
verfehlen to miss
*****verflucht** damned
*****verfolgen** to persecute, chase

verführen to tempt, seduce
*****vergehen°** to pass, perish
*****vergessen°** to forget
verhaften to arrest
verhalten° to hold, stop; **sich ≈** to behave; **das Verhältnis, -se** proportion; relationship, affair
(sich) verhüllen to cover, veil (o.s.)
verhungern to starve
der Verkehr (*no pl.*) traffic
verklagen to sue, bring action against s.o.
verlangen to demand; to desire
*****verlassen°** to leave, abandon; **sich ≈ auf (etwas/jdn.)** to depend on (s.t./s.o.)
verlaufen° (ist) to pass (time-span); to proceed
die Verlegenheit (*no pl.*) embarrassment
der Verleger, - publisher; distributor
sich (in etwas/jdn.) verlieben to fall in love (with s.t./s.o.)
*****verlieren°** to lose
die Verlobung, -en engagement
der Verlust, -e loss; **verlustig** deprived
vermeiden° to avoid
*****vermögen°** to be able to do s.t.
*****vernehmen°** to perceive, examine
vernünftig sensible, rational, decent
veröffentlichen to publish
verpassen to miss (train, etc.)
verprügeln to beat up
verraten° to betray
verringern to lessen; **sich ≈** to diminish
*****verrückt** crazy
versammeln to gather together; **sich ≈** to assemble
verschieden different, dissimilar; various
*****verschwinden° (ist)** to disappear
verschwitzen to stain (s.t.) with perspiration; to forget
verständigen to notify, advise; **sich mit jdm. ≈** to communicate with s.o.
sich verstauchen (*dat.*) to sprain one's hand/foot etc.
*****verstehen°** to understand
*****versuchen** to try, tempt; **die Versuchung, -en** temptation
verteidigen to defend
das Vertrauen (*no pl.*) confidence, trust
verwandt related;

der Verwandte, -n, -n (*adj. n.*);
die Verwandte, -n relative
verwenden° to use
der/die Verwunschene, -n a
bewitched person
verzehren to consume
die Verzeihung (*no pl.*) pardon,
forgiveness; **um ≈ bitten°** to
ask for forgiveness
die Verzweiflung despair
der Vetter, -n male cousin
vielfach in many cases, frequently;
multiple
*vielleicht** perhaps
*der Vogel, ¨** bird
*das Volk, ¨er** people, folk,
masses
*voll** full; *≈kommen** (*adj.*)
perfect, complete
*völlig** fully
*von** of, from, by; ≈ **außen** from
the outside
*vor** before, in front of
*vorbei** along, by, past
vor•bereiten to prepare; **sich
auf etwas ≈** to prepare for s.t.
der Vorgang, ¨e event,
occurrence; process
vor•gehen° (ist) to go first
*vorher** previous
*vor•kommen° (ist)** to occur,
happen
die Vorlesung, -en lecture, class
*vorn** in front
vornehm distinguished, refined,
aristocratic
der Vorrat, ¨e provisions, supply
vor•schlagen° to suggest
die Vorschrift, -en order,
regulation
die Vorsicht (*no pl.*) caution,
care, precaution; *vorsichtig**
carefully; **Vorsicht ist am
Platze** caution is warranted
die Vorsilbe, -n prefix
vor•sprechen° to call on; to say
first
die Vorstadt, ¨e suburb
vor•stellen to introduce s.o.;
*sich etwas ≈** (*dat.*) to imagine
s.t.; *die Vorstellung, -en**
imagination, performance
vorüber•gehen° (ist) to go past,
pass (by)
*vorwärts** forward
vor•weisen° to show, produce
das Vorwort, -e foreword

die Waage, -n scale
*wachsen° (ist)** to grow

der/die Wächter/in, -/-nen
guard, attendant, watchman
**der/die Wachtmeister/in,
-/-nen** officer, constable
*der Wagen, -** car, vehicle, cart,
carriage
wagen to venture; to risk
wählen to choose, elect, vote
*wahr** true; *die Wahrheit, -en**
truth; *wahrscheinlich**
probably
*während** during (*prep.*), while
(*conj.*)
*der Wald, ¨er** forest
*die Wand, ¨e** wall
*wann** when
*warten** to wait
*der Wasserhahn, ¨e** water faucet
wechseln to exchange; to replace;
to change; **der Wechsel, -**
change, alteration
*wecken** to waken
*weder. . .noch** neither. . .nor
*der Weg, -e** way, path;
*weg** away
*wegen** because of
weg•reiben° to rub off or away
weg•werfen° to throw away
wehmütig melancholic, wistful
*sich wehren** to defend o.s.
*das Weib, -er** (*sl.*) woman
weich soft, tender
sich weigern to refuse, decline
das Weihnachten, - Christmas
*die Weile** (*no pl.*) while
*der Wein, -e** wine
*weinen** to weep, cry
die Weise, -n way, manner,
fashion
*weisen°** to point, direct
*weit** far
*weiter** further; *≈•gehen°** to go
on; ≈•**treiben°** to propel further;
to continue doing s.t.
*welcher, welche, welches**
which
die Welle, -n wave (of water)
*die Welt, -en** world
*(sich) wenden°** to turn (o.s.)
*wenig** little, few; *≈stens** at least
*wenn** whenever, if
*(sich) werfen°** to throw (o.s.)
das Werk, -e work; deed, act;
factory
*das Wesen, -** manner, substance,
being, nature
wichtig important
widersprechen° to contradict
widerstehen° (*dat.*) to resist; to
be repugnant to

*wie** how, as, like (*conj.*)
*wieder** again; *≈holen** to repeat
*die Wiese, -n** meadow
*wieviel** how many
*der Wille, -ns,** (*no pl.*) will,
intention
*winken** to wave; to signal
*winzig** tiny
wirken to have an effect, seem,
appear
*wirklich** really
wirksam effective
*der/die Wirt(in), -e/-nen**
inkeeper, landlord; **die ≈schaft,
-en** economy; bar; tavern; **das
≈shaus, ¨er** restaurant with bar
wischen to wipe
das Wissen (*no pl.*) knowledge
der Witz, -e joke
*die Woche, -n** week; **die
≈nschrift, -en** weekly
(magazine or periodical)
*wohin** where (to), whither
*wohl** well
*wohnen** to live, dwell; **die
Wohnung, -en** apartment,
dwelling
*der Wolf, ¨e** wolf
*die Wolke, -n** cloud; **wolkig** cloudy
*wollen** to want to
*das Wort, ¨er** word; **der
Wortschatz** vocabulary
wundern to surprise; *sich ≈** to
be puzzled
*wünschen** to wish; *der
Wunsch, ¨e** wish
die Wurst(in) (sl.) (Wurst), ¨e
sausage; **es ist mir wurst** I
don't care! It's all the same to me!

*zählen** to count; **die Zahl, -en**
number
*der Zahn, ¨e** tooth
(sich) zanken (mit jdm.) to
quarrel (with s.o.)
zappeln to wriggle
zart tender, soft; **zärtlich** tender,
affectionate, loving
der Zaun, ¨e fence
der/die Zaunkönig/in, -e/-nen
wren
*das Zeichen, -** sign; ≈**sprache,
-n** sign language
die Zeichnung, -en drawing,
depiction
*zeigen** to show, point out; to
indicate; to demonstrate; *sich
≈** to show; to appear; *der
Zeigefinger, -** forefinger, index
finger

*die **Zeit, -en**   time; **eine** ≈**lang**
   for awhile
*die **Zeitung, -en**   newspaper
die **Zelle, -n**   (jail) cell
die **Zensur, -en**   grade
zerbrechen°   to break
das **Zerfallsprodukt, -e**
   products of decomposition
zerren   to pull
zerstreuen   to scatter
   (**in** + *dat.* = over); disperse; **die**
   Zerstreutheit (*no pl.*)
   absentmindedness
zertreten°   to crush
der **Zeuge, -n, -n/die Zeugin,**
   -nen   witness; **das Zeugnis,**
   -se   evidence; grade report
*ziehen°   to pull
*das **Ziel, -e**   goal
ziemlich   proper; nearly; rather
*die **Zigarette, -n**   cigarette
*das **Zimmer, -**   room

*zittern   to shake, tremble, quake
zögern   to hesitate
zornig   angry, furious
*zu   to
*zucken   to jerk, move
*zuerst   at first
der **Zufall, ⸚e**   chance, accident;
   coincidence; *zufällig   accidental
zufrieden   satisfied
*der **Zug, ⸚e**   train, feature, move,
   army unit
*zugleich   at the same time
*zu•hören   to listen
*zu•lassen°   to allow
*die **Zunge, -n**   tongue
*zupfen   to pick, pluck
*zurück   back
*zurück•geben°   to give back
*zurück•gehen° (ist)   to go back
zurück•haltend   reserved
*zurück•kehren (ist)   to return
*zurück•kommen (ist)   to come back

zurück•lehnen   to lean back
zu•rufen° (jdm. etwas)   to yell
   (s.t. to s.o.)
*zusammen   together;
   ≈•ziehen°   to contract; **die**
   Zusammenfassung, -en
   summary
*zu•sehen°   to watch
*der **Zustand, ⸚e**   situation
*zu•treffen° (auf + *acc.*)   to apply to
*zuverlässig   dependable, reliable
*(sich) zu•wenden°   to turn; to
   devote
*zwar   indeed, to be sure
der **Zweck, -e**   purpose
*der **Zweifel, -**   doubt
*der **Zweig, -e**   branch
der **Zwilling, -e**   twin
zwinkern   to wink; to blink
*zwischen   between; ≈**durch** (in
   the) meantime, in between times

Acknowledgments

"Sein letzter Irrtum" by Alfred Polgar from *Auswahl*, 1968, published by Rowohlt Verlag, Hamburg.

"Ein verächtlicher Blick" by Kurt Kusenberg from *Gesammelte Erzählungen*, 1969, published by Rowohlt Verlag, Hamburg.